儿童专注力

风影——著

天津出版传媒集团
天津科学技术出版社

图书在版编目（CIP）数据

儿童专注力 / 风影著. -- 天津 : 天津科学技术出版社, 2019.12

ISBN 978-7-5576-6960-7

Ⅰ. ①儿… Ⅱ. ①风… Ⅲ. ①注意－能力培养－学前教育－教学参考资料 Ⅳ. ①G613

中国版本图书馆CIP数据核字(2019)第152933号

儿童专注力

ERTONG ZHUANZHULI

责任编辑：布亚楠

出　　版：天津出版传媒集团
　　　　　天津科学技术出版社

地　　址：天津市西康路35号

邮　　编：300051

电　　话：（022）23332695

网　　址：www.tjkjcbs.com.cn

发　　行：新华书店经销

印　　刷：唐山富达印务有限公司

开本 880×1230　1/32　印张 7　字数 140 000

2019年12月第1版第1次印刷

定价：39.80元

前言 PREFACE

研究发现，真正拉开人与人之间差距的从来不是智商，而是专注力。专注力是决定一个人成功与否的重要因素之一，古今中外，绝大多数成功的人身上都有专注这项特质。这样的例子数不胜数，许多名人成功的故事成了这一观点的有力佐证。

1. 阿基米德专心治学

古希腊著名学者阿基米德是一个做事专注的人，他对物理学和数学的研究甚至达到了痴迷的程度。有一次，他到公共浴室洗澡，当坐进浴盆里时，水向外溢出。阿基米德看到这种情景顿时兴奋异常，光着身子冲出浴室，一边跑还一边喊着：“找到了！找到了！”

就是受此启发，阿基米德发现了流体力学的基本原理，进而发现了银匠在金王冠里掺银的秘密。

2. 牛顿煮鸡蛋

有一次，牛顿在实验室里专心地做实验，以致错过了吃饭时间。他的助手送来两个鸡蛋，让他自己煮来吃。

过了很长时间，牛顿感觉有点饿，就随手拿起“鸡蛋”放进锅里，自己则继续埋头做实验。

过了半个小时，牛顿做完了实验，想起了锅里的鸡蛋，于是便掀开锅盖，却发现里面是一块怀表。他大吃一惊，抬头一看，鸡蛋还在桌子上。原来，牛顿做实验太专心了，竟然把怀表当成鸡蛋给煮了。

案例中的这两位名人凭着对工作的热爱以及超强的专注力，成就了非凡的事业。所以，家长要想让孩子长大后有所建树，首先应从培养他的专注力做起。

在生活中，我们常常看到这样一些现象：有的孩子上课爱走神，常常东张西望，左顾右盼，即使有时候看似在盯着黑板看，事实上已经进入冥想状态；有的孩子上课铃都响10分钟了，还没有进入学习状态；有的孩子在家里做作业，不是一会儿去厕所，就是一会儿想看电视，周围稍微有一点动静，他都会去确认到底发生了什么事情；还有一些孩子，不管做什么，都只有“三分钟热度”，对一件事的专注时间最多不超过20分钟……这些都是儿童专注力差的表现。

面对孩子这样的表现，家长往往会批评、指责：“你怎么总是不专心？你要是再专心一点，就不会出错了。”相比这类家长，还有一些家长的做法相对比较“科学”。为了提高孩子的专注力，他们付出了很多的心血和汗水。

比如，有的家长为孩子购买大量书籍，每天安排固定的时间让孩子阅读，希望能让孩子更专心一点；还有一些家长，像监工一样待在孩子身边，督促孩子做事，随时提醒孩子不要分心；有的家长甚至强迫孩子每天静坐1个小时；等等。然而，这些方法常常并不怎么奏效，是“治标不治本”。

其实，儿童的专注力会受到很多因素的影响，如孩子的年龄、兴趣、情绪、自控力以及家庭环境、生活品质等。家长应首先提供有利于提高孩子专注力的条件，然后再对孩子进行一定的专注力训练，这样的话，在培养孩子专注力方面才能达到事半功倍的效果。

事实上，从哈佛的成功教育经验来看，孩子的专注力完全可以通过后天训练得到提高，而且越早对其进行训练越好。哈佛的心理学家曾经通过一个小游戏证实了这一点。

研究人员在一张有25个小方格的表格中，把1~25的数字顺序打乱，然后填到表格中。再让孩子以最快的速度按照从1到25的顺序将其一一找出，并用秒表计时。结果发现，7~8岁的孩子按顺序找出这些数字的平均用时为40~42秒。此后，研究人员每天对他们进行训练，一周之后，时间缩短到25~30秒。一个月以后，平均时间缩短到十几秒。

由此可以看出，只要训练方法得当，提高孩子的专注力其实很简单。

本书详细地介绍了儿童专注力的相关知识，并结合生活实际，给出了实用、有效的建议和方法，旨在让家长在本书的帮助下，解决孩子分心、走神、拖拉、懒散、没有规矩等专注力不足的问题，让孩子的专注力得到有效提高。

如果孩子做事总是三分钟热度，那么他往往只能在目标左右徘徊，很难达到很高的成就。许多名人的例子证明了这一点，如比尔·盖茨、卡内基、丘吉尔等，小的时候都因活力充沛、过于好动、专注力不足等让家长头痛不已，但他们日后的成就证明了只要家长给予适当的协助，再顽劣的孩子也能发挥出自己的专长，取得不凡的成就，拥有精彩的人生。

希望本书能够成为家长育儿道路上的行动指南，帮助家长培养出专注力超强的优秀孩子！

目录

CONTENTS

第七章　科学训练，找回孩子的专注力

附录

后记

第一章

专注力，成就孩子的一生

蒲松龄在《聊斋志异》中写道："书痴者文必工，艺痴者技必良。"这其实说的是专注力给一个人带来的优势。对家长来说，培养孩子的专注力，可以让孩子养成良好的学习习惯，长大后成为做事专注的人。而且良好的专注力是一种可贵的品质，它能够让孩子最大限度地发挥自己的积极性、主动性和创造性，是孩子成功的基石。

揭开专注力的神秘面纱

"乐乐！我跟你说了多少次了？写作业的时候专心一点，你怎么总是听不进去？！"听到妈妈的唠叨声，乐乐不情愿地赶快收起一旁的游戏王卡。

看到乐乐手忙脚乱地收拾着什么，妈妈更生气了。她双手叉腰，脸颊鼓胀着，双眼怒视着乐乐，大声吼道："你竟然在玩游戏？赶快把这些乱七八糟的卡片收起来！听到没有？"

"妈妈，等一下，我的恶魔族怪兽卡找不到了，我先把它找到。"乐乐手里拿着一叠游戏卡，正一脸焦急地寻找那张不知掉落何处的恶魔族怪兽卡。而书桌上，散落着一张张印有不同图案的游戏卡。原本该完成的语文试卷，早已被这些卡片淹没了。

"乐乐，我再说一次，给我听好，把这些卡片收起来，赶紧做试卷！你到底听没听见我说的话？不好好学习，光玩这些有什么出息！你再不专心学习，我就惩罚你一个礼拜不许吃零食！不许玩这些游戏卡！”妈妈已经有些歇斯底里了。

“妈妈，什么是专心啊？”乐乐突然认真地问妈妈，“从幼儿园到现在，您总是跟我说要专心、要专心，但是到底什么是专心呢？”

一时之间妈妈竟被问住了。她灵机一动，说：“专心就是注意力集中啊！”

乐乐听了，摸摸后脑勺，问：“注意力集中又是什么呢？”

“注意力集中就是认真啊！”

乐乐继续追问：“那什么叫作认真呢？”

“嗯……认真就是要专心啊！”

乐乐翻了个白眼，做了个晕倒的动作。

乐乐妈妈这种应付式的回答，换作是谁，都会听得晕头转向。虽然她一直强调让乐乐做事专心、注意力集中、认真，但是这几个词语到底指的是什么，她自己都不清楚，更不用说让孩子做到了。

其实，所谓的“专心、注意力集中、认真”，统统指向一个专业名词——专注力。对孩子来说，专注力指的是孩子把视觉、听觉、触觉器官集中在某一事物上，达到认识该事物的目的的一种能力。专注力属于儿童的“十二情商能力”之一，对儿童的成长具有至关重要的作用。一个孩子能否较好地适应环境，与其专注力强弱有很大关系。

值得一提的是，专注力是一个人与生俱来的能力，婴儿时期的孩子就已经表现出较强的专注力。比如，目不转睛地盯着一样东西看半天，吃着自己的小手更是浑然忘我。当孩子再大一些时，我们会发现有的孩子玩的时候太专注，连什么时候尿了裤子都没发觉。这种沉浸于一件事情而忘我的状态，就是专注力强的表现。

专注力的形成需要具备三个条件。

1. 目标明确

孩子专注的探索或者活动的进行，大多都是他主动探知的结果。这是专注力启动的首要条件。只有发自内心的、主动的行为，才会让孩子做事更专注。

2. 反馈及时

如果孩子在做事的过程中发现自己的错误，并及时进行了纠正，这一纠错的过程就是形成深厚专注力的过程。比如，孩子在玩形状配对游戏的过程中，他会发现那些四边形的积木不能装到三角形的孔里，并开始思考解决问题的方法。如果家长能够克制帮助孩子的冲动，就等于为孩子提供了发展专注力的机会。

3. 能力符合难度

活动的机会与能力成正比。如果活动的难度超出孩子的能力范围，孩子就会产生挫败感，情绪产生波动，甚至产生自暴自弃的念头和做法，这些都会阻碍专注力的形成。

要想培养孩子的专注力，首先要了解孩子的专注力类型，具有哪些典型表现，这样才能根据孩子的具体情况，采用有效的训练方式。

一般来说，专注力可以分为五种类型。

1. 集中性专注力

这是最基本的专注力类型之一。以照相为例，当你拿起相机，将镜头对准眼前的人、事或物，这就是一种集中性专注力的表现。

对孩子来说，家长可以检视孩子在学习和生活上是否经常出现以下表现：经常发呆；不知道要做什么，表现出无所事事的态度和行为；在最纯粹的空间里，做最简单的事情，依然表现出心不在焉、注意力涣散的样子。

如果孩子出现上述表现，就说明孩子的集中性专注力出现了问题，也就是最基本的专注力出现了状况，那么进一步的选择性专注力、持续性专注力、转换性专注力、分散性专注力就很难有好的表现。

2. 选择性专注力

选择性专注力指的是儿童当下能否把注意力集中到某一项活动上，而不受外界的影响。

比如，孩子在做功课时，客厅电视里传来喜欢的动画片的对话，或者妈妈在身旁忙碌时走来走去的声音，或者弟弟妹妹在一旁玩耍，或者爸爸打电话的声音，或者门外摩托车飞驰而过时引擎轰轰作响等。这时，父母就要仔细观察孩子是被这些外界事物干扰，无法安静学习，还是能够不为所动，将注意力集中到做功课上。

3. 持续性专注力

持续性专注力强调的是专注力所持续的时间，表现出的是专注力的持久性，主要看孩子能否在所进行的活动中维持一段合理的时间。比如，在没有任何干扰的情况下，孩子能否在一定时间内完成一幅画作，或者完成一个拼图。

每件事情需要的完成时间不同，孩子专注于其中的持续程度也不尽相同。比如，阅读一本书，有的孩子需要一个小时才能读完，而有的孩子半个小时就把它翻完了。孩子专注力持续程度的好坏，要根据他们对于这本书的理解、记忆和顺利提取信息的程度来判断。

4. 转换性专注力

转换性专注力指的是孩子能否顺利地从一项活动转移到另一项活动，并且能够维持该有的专注力表现。比如，孩子做了一段时间的功课，希望玩一会儿电子游戏，玩10分钟游戏之后他的专注力能否顺利地回到书本上来；再如，孩子在操场上进行课外活动以后，再次回到教室，他能否继续专心地听讲。

在动态、静态活动的交叉安排上，当在动态和静态活动之间进行转换时，应尽可能以最少刺激为原则。对于那些太过刺激、容易使孩子兴奋的活动，最好安排在主要的静态活动之后进行。这是因为，孩子在经历太过兴奋的刺激之后，很难顺利地转换到下一个需要花费心思的活动中，如阅读、写作业等。

5. 分散性专注力

分散性专注力指的是孩子能否在同一时间内进行两项甚至两项以上的活动。比如，在上课时，一边听老师讲课，一边做笔记；在家里，一边做家务，一边听音乐；等等。

专注力好坏有标准：看看孩子专注力如何

最近，豆豆的妈妈很烦恼，因为豆豆不管做什么事都只有“三分钟热度”。在搭积木的时候，豆豆信誓旦旦地说，要搭一个漂亮的大城堡，但是才玩了三分钟，就不想搭了；然后开始玩玩具汽车，结果又只玩了两三分钟就不玩了；看故事书等也是如此。这让豆豆妈特别担忧：孩子做事如此不专注，他以后上学了可怎么办呢？他还能不能安静下来认真读书了？

生活中，像豆豆这种情况有很多。许多家长反映自己的孩子做什么事都没有耐心，不仅玩玩具时间短，就连看书、画画、做手工等，也无法持续较长的时间。一些学龄儿童的家长反映孩子在学校上课时经常走神，小动作不断，在家做作业总是磨磨蹭蹭、粗心大意。

其实，这些现象的出现，和孩子的注意力不够集中、专注度不够高有很大的关系。

那么，孩子注意力集中有什么好处呢？如何判断一个孩子专注力的强弱呢？有什么特定的标准吗？专注力强弱的判断依据是不是看孩子做一件事持续时间的长短呢？

下面，我们就来一一揭晓。

专注力的量化标准

通常来说，我们可以从两个方面来判断孩子专注力的强弱。

1. 时间

儿童的专注力与其大脑神经发育的程度有关，因此专注所持续的时间也会随着年龄的增长而延长。婴幼儿的大脑神经发育相对不那么完善，有人得出一个结论：孩子越小，专注的时间越短。

一家专门研究孩子行为发育的网站speech therapy centres给出了儿童专注时间的大致数据（如下表），并认为，在良好的教育环境下，儿童的专注力所持续的时间会随着年龄的增长每年延长2~5分钟。

不同年龄儿童的平均专注时间跨度

年龄（岁）	平均专注时间（分钟）	年龄（岁）	平均专注时间（分钟）
1	3~5	6	12~30
2	4~10	7	14~35

（续表）

年龄（岁）	平均专注时间（分钟）	年龄（岁）	平均专注时间（分钟）
3	6~15	8	16~40
4	8~20	9	18~45
5	10~25	10	20~50

从表中我们可以看出，儿童专注于一件事情的时间是有一定弹性的。比如，一个2岁的孩子，从时间上来判断，如果他能专注于搭积木或者看绘本的时间在8分钟左右，专注力就不差。如果要求一个2岁的孩子专注于一件事情长达半个小时，则是不合理的要求。

2. 连续性

专注力的好坏与连续性也有一定的关系。

大多数家长只注意到自己的孩子无法长时间做一件事，却忽略了幼儿发育的一个重要特点，那就是儿童本身就容易受外界干扰，他们常常因受到外界影响或者在做事的过程中遇到难题就选择放弃，转而去做其他的事情。即便是成人，在做事的时候也容易受到某些因素的影响。

比如，成人在看书的时候，常常眼睛盯着书本，整个人却处于神游的状态。有研究显示，人通常有20%~40%的时间都在走神。因此，专注于做某件事情的认真程度含金量更高。

从字面上来看，“专注力”的英文是“attention”，该词来源于拉丁语“attendere”，意思是“向前延伸”，我们可以将其理解为连续性。这就提示我们，判断孩子专注力强弱的另一个标准，就是做事的连续性，即被外界环境或者内在因素干扰后，能否再回到最初的事情上。

因此，孩子在做某件事情的时候，家长需要做的就是仔细观察，在他需要帮助的时候帮他一把，使其继续下去。但家长应注意，不要在孩子不需要帮助的时候干扰孩子。

孩子专注力的发展有其特定的自然规律，家长不要仅仅根据时间长短的标准或者凭借自己的主观感受做判断，以免给自己和孩子造成困扰。

测测孩子的专注力

要想了解孩子的专注力到底如何，家长可以对照以下15种专注力不足的表现，来测一测孩子的专注力。

（1）做事难以持久，往往一件事没做完又去做另一件事。

（2）做事时不能集中精力。

（3）和别人说话时常常心不在焉，似听非听。

（4）常因无关因素而分心。

（5）经常忘事。

（6）不愿意做需要动脑的事情。

（7）难以始终遵守指令。

（8）在日常生活中常常丢三落四。

（9）特别不爱惜东西（如常把衣服弄脏）。

（10）学习、做事粗心大意。

（11）不注意细节，常常因此而出现错误。

（12）经常不能完全按要求做事。

（13）上课不专心听讲，常常东张西望或发呆。

（14）经常安排不好日常的学习和生活。

（15）做作业时，边做边玩，常少做或做错。

如果在这15种专注力不好的表现中，孩子出现了至少5种，孩子的学习就会受到一定的影响。如果孩子出现了10种以上的表现，就说明孩子在注意力方面有问题。这时，家长应给予足够的重视，有必要的话应咨询一下专家。

专注力，孩子走向成功的必备条件

有人说："拉开孩子之间距离的不是学习成绩，而是专注力。"这句话确实有一定的道理。良好的专注力，是人的大脑进行感知、记忆、思维等认识活动的基本条件。对孩子来说，专注力是打开他心灵的大门。这扇大门开得越大，孩子接收到的东西越多，掌握的知识就越多。如果孩子的专注力不足，他的注意力就无法集中，只有少部分的知识和信息能够被接收，甚至所有的知识和信息都无法被接收。

如果孩子具有良好的专注力，他就会常常达到忘我的状态，专注于一件事情，克服各种困难，直至完成。在这个过程中，他的自信心逐渐增强，意志力也逐渐增强，解决问题的决心和能力随之被激发出来。有了解决问题的能力，孩子的智力和综合能力也会进一步提高，比如创造力、情商、社交能力等。

大家都知道"水滴石穿"的意义，而专注就具有一种效果。

良好的专注力，成就了一个又一个名人的传奇人生：因为专注于学习，高尔基成了一名文学巨匠；因为专注于真理，伽利略才毅然决然要去挑战权威；因为专注于飞翔，莱特兄弟最终发明了飞机。因为专注，所以成功。在一定程度上，我们可以说，成功大多数时候就是在专注力的支撑下成就的。

挖井理念

“挖井理念”来自于一个“挖井”的故事。甲、乙两个青年去挖井，甲挖了一会儿没有看到有水流出，就开始挖新的井，这次挖的井比上一口还要深，但是仍然没有水流出的迹象，于是他又放弃了。就这样，他接连挖了四五个深浅不一的坑，还是没有挖出一滴水来。而乙则选准一个地方，不停地挖，最终挖到了水。

这个故事发人深思：甲之所以找不到水源，是因为他没有在一个地方聚精会神、专心致志、全神贯注地挖下去，结果白费了力气。而乙一直比较专注，所以找到了水源。这也告诉大家一个哲理：做什么事情都要目标明确、信念坚定、行为执着，浅尝辄止，终将一事无成。这就是“挖井理念”，这个理念强调了专注的重要性。

做事缺乏专注力的后果

有的孩子学习或者做事不专注，对什么都浅尝辄止，也会造成不好的后果。

1. 效率低下

如果孩子缺乏专注力，那么他很可能会三心二意，做事拖拖拉拉，导致做事效率低，迟迟完不成任务。

2. 缺乏热情

孩子做事不专注，很可能导致他对所做的事无法投入热情，甚至失去兴趣。孩子对一件事全身心地投入，前提是他必须对所做的事感兴趣，那样他才能调动起他的激情和热情，从而更加专注地去完成。

3. 易分心

孩子做事缺乏专注力，就很容易分心。有的孩子做事的时候，旁边一有点风吹草动就无法专心，甚至有只昆虫飞过，孩子也会追着看。在这种情况下，孩子做事缺乏持续性，自然很难把事情完成得很好。

4. 粗心、马虎

有的孩子做作业马虎，有时候会做的题也会因粗心而做错，这就是孩子做事不专注所导致的。要想改掉孩子做事马虎、粗心大意的毛病，家长就应该培养孩子对一件事情的专注力，使其能够全力以赴，集中精力去做一件事情。

专注是走向成功的必备条件

事实上，那些成功人士通常在小的时候就具有专注的特质，因为专注是走向成功的必备条件。

某俱乐部正在举行围棋比赛，这吸引了许多人观看。一位教练注意到在观众中，有一个小男孩在棋盘旁整整站了一上午，他目不转睛地盯着棋盘，生怕错过任何一个下棋的精彩之处。

第二天，小男孩又来了，他又专心致志地看了一上午。

教练认为，一个孩子能有这样专注的品质，实在难能可贵。于是，教练将这个儿童招进了围棋队。

这个男孩就是著名围棋高手常昊。当时，他才6岁。后来，常昊果然没有让教练失望。3年后，他获得了全国“棋童杯”赛冠军。有一次，在被让四子的情况下，常昊战胜了日本棋圣。

常昊能取得如此令人瞩目的成就，和他的专注力高度集中是分不开的。如果常昊对围棋不是那么入迷，不那么专注，那么他不可能取得这样的成就。

著名心理学家丹尼尔·戈尔曼说过这样一句话：“比起智商，专注是更容易让孩子成功的因素。”好的专注力，不仅能提高孩子的学习能力以及学习成绩，还能带来内在的改变，包括综合素质的提高等。因此，在早期教育中，我们都应该重视对孩子专注力的培养和训练。

拖延症，原来是专注力不足惹的祸

苗苗的妈妈是一家公司的部门领导，她做起事来风风火火、雷厉风行，可是她想不明白的是苗苗一点都不像她，不管做什么事，能往后拖就往后拖，能拖到什么时候就拖到什么时候。

这不，从早上起床，苗苗的妈妈就开始着急上火，她喊了好几遍，苗苗还是赖在被窝里不动，直到看到妈妈快发飙了才慢吞吞地爬出被窝，然后慢条斯理地穿衣服、洗漱……

其实，妈妈对苗苗的日常生活已经有了一套固定的安排，那就是：早上起床——催催催，洗漱——催催催，吃早餐——催催催，准备出发——催催催，放学写作业——催催催，晚上睡觉——催催催。

每次苗苗做事慢吞吞的时候，妈妈就会忍不住催促她。可是妈妈最近发现，自己的催促只能起到相反的效果。

据她分析，苗苗被催促的时候有着相似的心路历程。拿催促苗苗晚上睡觉来说，苗苗喜欢看动画片，经常越看越兴奋，忘了睡觉。为了让苗苗养成早睡早起的习惯，妈妈经常催促苗苗睡觉。

当妈妈催促第一遍的时候，苗苗会表现出一副毫不在乎的样子，因为她知道，这只是打一针“预防针”，反正妈妈接下来还会催的，于是继续安心看动画片。当妈妈催第二遍的时候，她的心里有点小小的慌张，因为她预感到妈妈可能要发火，于是她要抓紧最后的时间多看一会儿。当妈妈催第三遍的时候，她清楚地知道，这次妈妈真的要发火了，如果再不去睡觉真的要挨揍了，于是她这才起身去洗漱、睡觉。

对于这样的经历，许多家长深有体会。尤其是陪孩子写作业，甚至成了许多家长的“心病”。遇到这样的情况，家长最好不要去思考孩子的性格像谁的问题，因为这与先天的性格没有太大的关系，而是由后天的原因造成的。

可能很多父母并不认同这个观点，他们认为自孩子出生后，自己全心全意地教育孩子，从不敢有丝毫懈怠，再说孩子小的时候是非常听话的，怎么长大了问题反而越来越多了呢？其实，纵然父母竭尽全力地培养孩子，但在孩子成长的过程中，父母也很容易忽视对孩子专注力的培养。而专注力一旦缺失，孩子就极有可能做事拖拉、懒散，在小小年纪就有了“拖延症”。

孩子拖拉、懒散的现象似乎成了一个难倒父母的难题。其实，当父母了解孩子拖拉的本质和造成拖拉的真正原因之后，这个问题就会迎刃而解。

一般来说，孩子养成拖延习惯有两方面的原因。

1. 生理原因

许多家长简单地认为，拖延症只不过隶属“坏习惯”范畴，只要帮助孩子改掉坏习惯，拖延症自然而然就消失了。实则不然，诸多研究表明，拖延症很可能是生理原因造成的。

在人的大脑功能分区中，有一个大脑前额叶皮层功能区，它与计划、控制、注意力和执行有关。当这部分区域功能受损或不活跃时，大脑排除杂扰的能力就会降低，专注力就会受到严重影响，导致做事效率降低。如果孩子的运动协调能力、注意力和反应能力都比同龄人逊色，就会导致一个最直接的后果：做什么事情似乎都比别人“慢半拍”。

2. 客观原因

有时，孩子做事拖拉仅限于行为层面。然而，这些拖拉的行为背后往往存在比较客观的原因，这就是缺乏时间观念，缺乏计划性或者做事没有条理。如果一个孩子没有时间观念，他就不会意识到，花费2个小时去完成本来1个小时就可以做好的事情，有什么不妥或者会带来哪些损失。如果孩子做事没有计划性或者做事没有条理，他就分不清事情的轻重缓急，不能很好地把握事情的节奏，做事的效率自然就会大大降低。

要想帮助孩子改掉拖拉、懒散的坏习惯，家长不妨尝试下面的做法。

1. 帮助孩子树立正确的时间观念

对于没有时间观念的孩子，当你焦急地冲他大喊“快点，还有5分钟就迟到了”的时候，他可能以为5分钟的时间很长，于是他会继续磨蹭下去。

这时候，计时器或者闹钟就可以派上用场了，比如，当你要求孩子做到“用5分钟的时间洗脸、刷牙”“10分钟写完作业”“看30分钟的电视”时，你就可以在计时器或者闹钟上设置好相应的时间，让孩子在实际操作中体验“5分钟”“10分钟”“30分钟”到底有多长。

2. 帮孩子厘清事情的轻重缓急

在刚开始纠正拖拉的坏习惯时，孩子要经历一个适应阶段，在这个阶段，孩子特别希望能尽快把事情做好。

这时，家长要帮助孩子分清事情的轻重缓急，比如，哪些事情是重要的、紧急的，需要优先处理，哪些事情是可以缓一缓再做的。家长让孩子列出做事的先后顺序，制定一个任务清单，在任务清单中，附上每件事情初始时间和计划完成的时间。家长可以找一些卡通的、孩子喜欢的记事板作为载体，让孩子（或者帮孩子）列好任务清单，将其放在显眼的地方，随时叮嘱、提醒孩子按照任务清单上的时间完成要做的事情。

3. 利用同伴的榜样作用

每一个孩子都有自尊心和好胜心，家长可以利用孩子的这种心理，让孩子在和同龄人的交流、嬉戏、玩耍中相互比较、相互学习、共同成长。家长最好让孩子和那些性格活泼开朗、做事效率高的同伴交往，多和他们一起学习、玩耍，这有助于发挥榜样效应，促进孩子之间的正面影响。

4. 让孩子承担拖延的后果

必要的时候，家长可以让孩子自己承担拖延造成的后果，让孩子接受适当的“惩罚”。比如，家长可以告诉孩子“你再不起床，迟到了老师会批评你的”，然后不再催促孩子。当孩子因拖延迟到而受到老师批评的时候，他就会明白，做事磨蹭的后果会很严重，会让自己受到“惩罚”。这样，孩子就能学会管理时间，为自己的行为负责。

反应慢半拍，培养专注力是关键

有的孩子在生活中总是后知后觉，家长让他干点什么，他总是会愣一会儿神，然后再去做。有时，家长问他话，他好像没听见似的，半天没有一点回应。这让家长十分担心：孩子为什么会反应慢半拍呢？难道真的是孩子的智商有问题，或者有其他的原因？

家长稍微留心观察一下孩子，就会发现，孩子反应慢并不是他没明白你说的话，或者没听懂，而是他根本就没注意听。虽然孩子看上去像是在听你说话，实际上他的注意力根本就不在你这里。这就是我们常说的“左耳朵进，右耳朵出”“把我的话当耳边风”。如果孩子有这样的表现，则家长先不要急着批评孩子，因为很多孩子都会有这种表现。

星星是一名小学生，自从他上小学后，老师多次反映他上课不专心听讲，总是走神。每次老师提问，星星都是一副懵懂的表情。

有一次，语文课上，老师让全班同学一起读课文中的一段文字，其他同学在读完后就停下来了。这时，教室里响起一个人的读书声，这个人就是星星。他常常会一个人一本正经地读下去，就算老师喝令他停下来，他还是不为所动，接着往下读。

最后，老师走到星星面前，轻轻拍了拍他的肩膀，他才停下来。

类似这样的事情还有很多。以星星这样的状态，他的学习成绩自然不会太好。为了提高星星的学习成绩，妈妈给他报了很多课外辅导班，但是一个多学期下来，效果并不理想。星星上课还是一副神游的状态，成绩依然没有多大起色。

后来，妈妈又尝试了很多办法，都没有效果。几次之后，妈妈开始怀疑星星的智商有问题。但是有时候，她又怀疑自己的判断。因为星星并非一直都是这样的，比如在乐高课上，他就表现得很好，常常学得又快又好。

星星的妈妈一直想不通：星星在乐高课上的表现怎么和平时判若两人呢？

孩子反应慢有两个方面的原因。了解了这两个原因，星星妈妈就能找到答案了。

1. 思维方式在作怪

其实，家长对孩子智力的担心完全是多余的。很多反应慢的孩子，智商并不比反应快的孩子低，甚至有的还会超过反应快的孩子。另外，至今为止，还没有一项研究表明，两者之间有必然的联系。很多时候，孩子表现得“反应迟钝”，很可能与他们“与众不同”的思维方式有关。

对于一个问题，反应慢的孩子并不是没有思考，而是在进行深入的思考，不像那些“反应快”的孩子，凭着直觉去思考。反应慢的孩子进行的是反复的、全面的思考，不断求证，以求做出最正确的选择，找到适合自己的最正确的道路。

因此，当你和孩子讲话以后，孩子嘟着嘴巴、若有所思的时候，他可能并不是不明白你所说的话；相反，他正对这些话进行分析、论证，以找到最佳的答复方式。

2. 后天影响

孩子反应慢，很可能让他人产生误解。不管是老师、家长、亲戚，还是朋友，都很少看到孩子身上的闪光点，他们无一例外地认为孩子“笨笨的”“不聪明”，使孩子背上了沉重的心理负担。

长久生活在这样的环境中，孩子也会认为自己“笨”，处处不如别人，变得没有自信，开始自怨自艾、灰心丧气。在困难和自己的自卑心理的影响下，孩子便再也发挥不出自己的潜力和特长，从此一蹶不振。这样的做法，只会让孩子反应更慢。

通过日常的观察，我们可以发现，孩子虽然反应慢，无法给别人留下机灵、聪明的印象，但他们对自己感兴趣的事专注度非常高，精神非常集中，对一件事考虑得非常全面，就不会出现大的差错。换句话说，虽然他们在单位时间内做出的数量少，但是质量很高。只不过这种做事风格在考试上，并不占优势，导致他们成绩并不是太优秀。

对于孩子“反应慢”这个问题，家长可以这样做。

1. 找到孩子的兴趣

专注力强是孩子的一种优势，家长可以有针对性地利用这种优势，发掘孩子的潜力。家长首先要帮孩子找到一个感兴趣的方向，他的这种专注、持久的特性，一定能在这个方向显示出无与伦比的优势。

2. 尊重孩子、信任孩子

家长不要给孩子贴上“笨”“不聪明”的标签，而应该给孩子充分思考的时间，让他重拾信心和勇气，这样，孩子才能获得全面的发展，而且这样的孩子往往能后来居上。

3. 孩子出神要及时提醒

孩子还小，是非观、人生观和价值观还不成熟，需要家长对其加以引导，为他指正方向。如果孩子将专注力放在玩游戏、看动画片等上面，家长不加以引导，则时间久了，孩子很容易出现各种各样的问题。这就需要家长多去了解孩子，在孩子出神的时候及时给予提醒，这样孩子才能重回正确的轨道，不至于偏离方向。

专注力与电玩之间的“博弈之战”

很多家长可能已经注意到，大多数孩子都有这样一种“特性”：在玩游戏，尤其是玩电玩的时候注意力格外集中。对于这种状况，大多数家长的做法就是绝对禁止，但是这种做法很可能会遭到孩子强烈的反抗。那么，对于孩子玩电玩这件事，家长应该如何看待呢？怎么做才对孩子更有益呢？

当孩子说出“玩电玩，我最专心；打怪，我最用心”的话时，你的反应大概是这样的：双手叉腰，怒视着他，质问“说什么呢？再说一遍试试看”。

然而，家长要知道，任何事情都有两面性，孩子玩电玩这件事同样存在正面的意义。试想一下：孩子们为什么会对电玩那么痴迷呢？这是因为电玩游戏刺激、有趣、有吸引力，可以立即反馈，还可以进行竞赛、冲关升级等。如果将这些元素引入平时孩子的学习和专注力训练中，这个过程就将变得更有趣，孩子会更乐意学习并接受训练，他的专注力也会提升得很快。

如果孩子平时专注力不够，则对这种以声光刺激为主的电玩还是少碰为妙，玩的时候要适可而止。毕竟这些强调打打杀杀、以声光刺激为主的游戏所带来的专注力是一种外控的专注力，多数不需要经过具有专注、思考、判断能力的大脑前额叶。要想维持这种专注力，就必须维持及延续这种声光刺激，否则孩子就会失去专注力。

这就是说，孩子电玩游戏玩得越多、时间越久，越会对他产生过度的刺激，那么孩子对于刺激较轻的阅读、思考等正常的学习活动就越容易失去兴趣和动力。这样一来，孩子的专注力必然会更加涣散。

这种专注力当然不是孩子需要的，他们需要的是能够置于自己的主控之下的专注力，也就是内控的专注力。比如，孩子在阅读《魔法拼音国》的时候，他会翻开这本书，大声朗读，细细品味，脑海中会浮现出一个有趣的声母国和韵母城，里面有不同的字母人，它们之间出现了各种有趣的对话。在这些有趣的字母人的故事中，孩子就记住了这些字母。整个阅读过程都是孩子的主动行为，由此产生的专注力是源于他自身内控的。

孩子对于电玩爱不释手，但是玩电玩中产生的专注力是外控的专注力，并不是孩子需要的内控专注力。那么，这二者之间该如何平衡呢？

事实上，很多事情都是有两面性的，我们不能一概否定，对电玩坚决说“不”。现在的“3C产品”，即Computer（计算机），Communication（通信），Consumer Electronics（消费类电子产品），已经成为重要的媒介之一，完全渗透进人们的生活，我们不能对其视而不见，孩子更无法做到。科技始于人性，只要我们善于运用这些“3C产品”，这些科技就同样能够为我们所用。

拿App（应用程序）来说，如果我们仔细寻找，就总能找到用来训练孩子专注力的教材或者游戏。前额叶游戏就是这样一些游戏，它不同于以声光刺激为吸引力的游戏，可以锻炼孩子的逻辑推理或者解决问题的能力。

在此，我为大家推荐几款适合孩子玩的游戏。

1. 小猫传球

这款游戏也被称为“猫咪传球”或者“黑白猫传球”，孩子的任务就是把一个红白相间的小球从白猫传给黑猫。游戏共设50关，随着通关难度的逐级增加，孩子可以借助各种工具完成关卡。该游戏能锻炼孩子解决问题的能力。

2. 抓老鼠

这是一款老鼠和老鼠夹之间斗智斗勇的游戏。在游戏过程中，孩子必须运用老鼠夹对那些异常聪明的老鼠穷追猛打，通过动脑筋对老鼠围追堵截，阻止它们跳进洞里。

3. 鳄鱼小顽皮爱洗澡

鳄鱼小顽皮虽然生活在城市的下水道里，但是特别爱干净，喜欢用清水洗澡。孩子要想尽办法，让水透过一层一层的泥浆、水藻和其他障碍物，引进鳄鱼的浴缸中。要想让鳄鱼舒舒服服地泡澡，孩子就要有很强的解决问题的能力。

4. 组铁轨

这是一款孩子都喜欢的铁轨组合游戏。在游戏的过程中，孩子必须很快地脑力激荡，将那些复杂的轨道组合起来，以便火车能够顺利地抵达终点。

5. 水流乱舞

如果家里的水管破裂，水流四处漫溢，则你会怎么办？在这款游戏中，孩子可以通过旋转机器来改变水流的方向，也可以先用海绵吸水，然后再将水挤压出去，还可以运用烙铁将水蒸发掉。最重要的是，孩子不仅要解决水管破裂的问题，而且要将这根水管流出来的水引流到另一头的水管里。

虽然家长允许孩子玩这几款游戏，但是也要先规定时间，以免孩子过度沉迷。同时，这也关系孩子能否做到随时上线、离线，并继续完成当下应该完成的事情。

别让孩子成为“走神大王”

梦梦九岁了，是一名四年级学生。平时聪明活泼的她，在学校时却常常被老师批评上课不专心听讲，做作业不认真、马虎。

梦梦的爸爸妈妈也发现，她每次考试都会丢掉不该丢掉的分数。比如，在语文考试时，她会因为漏写笔画而失分；在数学考试时，她会因为写错小数点而丢分；在英语考试时，她会忘记在复数后面加上“s”，致使丢掉分数……爸爸妈妈在为她感到惋惜的同时，认为梦梦学习态度不认真，为此没少惩罚她。

然而，惩罚过后，梦梦还是会犯同样的错误。

其实，梦梦在学习上出现诸多问题的根源并不在于她的学习态度，而在于她的专注力不足。

那么，是什么原因导致孩子专注力不足呢？

原因有很多，包括生活环境嘈杂、健康状况不佳、负面情绪、兴趣不足等。

每个孩子的性格不同，所表现出来的专注力也会有所差别。美国著名儿童培养专家斯坦利·I.格林斯潘根据对儿童行为的长期观察与研究，总结出了儿童的五种气质类型，并分析了不同气质的儿童具有怎样的专注力。

1. 高度敏感型的孩子，高感知力易使他们分心

这种气质的孩子总是有很多要求，若不能及时满足就会变得很急躁，他们对环境变化比较敏感，有时甚至抗拒变化。在大人眼中，他们非常“不好伺候”。其实，孩子的这些表现主要是源于他们高于其他孩子的好奇心和探索欲，从而对周围环境提出了更高的需求。

充沛的好奇心和探索欲很容易让孩子对一件物品、一件事集中精力去“研究”，而发达的感知能力又使他们很容易分心，将注意力转移到其他事物上。

2. 沉湎于自我型，专注力较稳定

这种气质的孩子属于“乖孩子”系列，他们很少提要求，喜欢独处，对于环境的变化，没有高敏感型孩子那么抗拒，但也不像他们那样能很快融入新环境。

这种类型的孩子常常沉湎于自我，他们不抗拒新环境，但是也不会主动去融入新环境，即使在人群中也喜欢保持安静，不容易被打扰，相比其他类型，这种类型的孩子专注力最稳定。

3. 反抗叛逆型，身心状态左右其专注程度

这种气质的孩子喜欢说“不”，比那些处于叛逆期的孩子表现得更固执、更情绪化。他们心态消极，常常将一件简单的小事演变成一堆麻烦，让父母身心俱疲。

他们的专注力的表现通常由身体状态和心情决定。一旦身体不适或者心情不佳，就很可能引发他们情绪失控。

4. 漫不经心型，专注度较低

这种气质的孩子说话、做事都慢条斯理，让人着急，有时提醒好几遍都不管用，你所说的话似乎对他们不产生任何影响。他们不爱与人交往，而且容易紧张、羞怯，似乎很难理解和融入这个世界，每天需要大人反复唠叨才能把该做的事情做好，专注力极低。

5. 活泼好动型，专注力因素好而定

这种类型的孩子喜欢探索，不管走到哪里都可以嗨翻全场。对自己感兴趣的事情，他们都会专心去做，不会轻易被干扰。但是对自己不感兴趣的事情，他们宁愿懒懒地待在一旁，也不肯投入半分精力。

这种气质的孩子活泼好动，面对自己喜欢的绘本、故事、游戏，他们能保持半小时左右的专注力。

了解孩子的先天气质类型，家长可以清楚地知道孩子与生俱来的优势、劣势，在此基础上对其进行培养，更有针对性，也更能发挥孩子的天赋特长，并能有效地改善孩子的行为问题。

培养孩子专注力的方法有很多，但是孩子的先天气质不同，产生的效果也会有很大差别，所以很难有一个统一的方法。不过，还是要遵守一些基本的原则。

1. 把握培养专注力的关键期

前面我们已经讲述了不同年龄的孩子专注力的量化标准，通常来说，2岁孩子的平均专注时间为4~10分钟，3岁为6~15分钟，4岁为8~20分钟，5岁为10~25分钟。研究发现，0~6岁是孩子专注力形成的关键期，家长应该抓住这个时期进行培养，才能收到事半功倍的效果。

2. 从感官注意力开始训练

对于2岁前的孩子专注力的培养，应该首先从感官训练着手。这里所说的感官训练，主要包括视觉注意力训练和听觉注意力训练。在孩子2岁前，父母可以带孩子做一些户外观察活动，比如，观察花朵、小草、地上的蚂蚁、树叶上的蜗牛等，并提出一些问题，让孩子进行深度观察，并把自己观察的结果描述出来。

除此之外，家长还要重视对孩子听觉注意力的培养。家长可以给孩子讲讲睡前故事，在讲故事的时候让孩子回答一些与故事有关的问题，这样的话，孩子在听故事的时候，就会格外用心，不知不觉中专注力就得到了提高。

当孩子再大一些，家长还可以对他进行一些综合感官训练。比如，让孩子和你做一样的运动，这既可以训练孩子的视觉和听觉，又可以锻炼孩子肢体动作的协调性。不过，这种综合感官训练的难度不宜过大，如果操之过急，孩子就极易失去信心。

3. 通过游戏培养孩子的专注力

爱玩是孩子的天性，也是孩子丰富认知、增长技能的一种重要方式。家长应该顺应孩子这种爱玩的天性，通过游戏的方式来培养孩子的专注力。对于3岁以下的幼儿，搭积木、拼图、串珠、找不同等游戏都是培养孩子专注力不错的方式。需要注意的是，一定要让孩子有始有终，做完一个游戏再进行下一个，想办法让孩子关注一件事的时间逐渐延长。

当孩子3岁以后，家长可以逐渐增加游戏的难度，以此延长孩子专注的时间，提高孩子的快速反应能力。孩子5岁以后，家长还可以和他玩一些抗干扰类型的游戏。

由于是以游戏的方式进行，符合孩子的心理特点，因此孩子做游戏的积极性就会很高。每天坚持玩这种游戏，孩子的专注力也会有所提高。

亲子小游戏 视觉游戏：圈数字

•准备工作

制作一个数字表格，将0~9这10个数字杂乱无章地组合在一起，见下面表格。

8595628552852585621124555255215105853
2211586812698752476525856214621855278
8522185562185522154156969548967921032
5696265983899529621687432862431960025
06998062229432069021648416561365

•游戏过程

（1）确立查找对象，如把“8”定为所要查找的对象。

（2）和孩子讲述游戏要求：先找出数字表格中所有的“8”，

然后把“8”后面的第一个数字圈起来。速度越快越好，但是不要找错、圈错。

（3）家长在旁边用秒表计时，同时观察孩子在游戏过程中的情绪以及行为反应（如是否出现不耐烦、东张西望、敷衍了事的情况）。

（4）检查孩子是否有漏圈的情况，并和孩子一起寻找原因。

• 游戏延展

心理学家认为，注意力是有广度的。这就是说，一个人能清楚地把握一定数量的对象。

1830年，心理学家汉密尔顿率先开始了这方面的实验。他在地上撒了一把石子，让测试者观察，看他们一眼能看到几颗石子。结果显示，人们很难在一瞬间同时看到6颗以上的石子。如果把石子分开，将2颗、3颗或5颗堆在一起，那么人们能同时看到的堆数和单个的数量一样多。

另外，运用速示器所进行的研究结果表明，成人在1/10秒的时间内可以同时注意到8～9个黑色的圆点，或者4～6个毫不相关的英文字母。

1871年，心理学家通过测试最终证实了“注意力是有广度的”这一结论。

这一研究对孩子的学习有重要的意义，因为注意力范围的大小和孩子的阅读能力、阅读速度息息相关。

有人曾对3个同一年级的学生甲、乙、丙阅读同一篇文章进行观察记录。学生甲在阅读的时候，习惯用手指指着汉字，一个字一个字地认读，20分钟后总结出这篇文章的主要内容；学生乙则习惯逐行阅读，他在15分钟内读完这篇文章并总结出文章的大概内容；学生丙习惯于一目十行地扫描式阅读，8分钟左右就准确总结出了这篇文章的主要内容。

3个同学阅读文章的差异相当明显，而这种差异就是由于他们不同的注意广度造成的。事实上，大部分注意力不集中的孩子读书、做作业比较慢，都是和他们注意范围狭窄有很大的关系。

然而，注意力的范围并不是一成不变的，通过训练是可以得到提高的。比如上面的圈数字游戏，就可以有效提升孩子的注意力范围，不仅如此，这个游戏还能提升孩子的视觉敏感度以及观察力，从而有效改善孩子考试时漏题或者粗心做错题的现象。

第二章

以爱之名，为孩子营造提升专注力的家庭氛围

家庭环境对孩子的影响远远比人们想象的还要深远。意大利诗人但丁曾说：“要是白松的种子掉在英国的石头缝里，它只会长成一棵很矮的小树；但是，要是它被种在南方肥沃的土地里，它就能长成一棵大树。”与此类似，家庭环境对孩子具有同样的影响。所以，要想培养专注力强的孩子，家长就要创造有利于孩子专注力发展的家庭环境。

家庭环境好，孩子专注力就集中

小希是一名三年级学生，大家都夸他聪明机灵，可是，他的学习成绩并不理想。

班主任王老师经过一段时间观察发现，小希成绩差与他上课总走神、开小差有一定关系。虽然王老师单独和小希聊过，希望他能改掉不专心听讲的坏习惯，但是收效甚微。于是，王老师决定去小希家家访，和小希的父母聊聊这件事。

在一个周末，王老师敲开了小希家的门。一进门，王老师就听到客厅里大声播放着电视的声音。小希卧室的门敞开着，小希正在里面写作业。为了能更好地聊天，王老师不得不让小希的妈妈将电视的音量调小一点。

王老师坐下后仔细一打量才发现，小希的家里到处都是乱丢的玩具，就连小希的卧室里也横七竖八地散落了一地的玩具。在和老师聊天的过程中，只要一说到孩子的问题，小希的妈妈就把孩子叫出来，解释自己为什么会出现这样的问题，然后再让孩子回去继续写作业，有时还会对着卧室的方向大声训斥几句。

王老师对此深感无奈。最后，他对小希的妈妈说：“家庭环境对孩子的专注力影响很大，希望您能注意这一点。”

在整个事件中，小希的妈妈根本就没有意识到自己的所作所为对孩子所产生的不利影响。换句话说，她从来没有考虑到孩子的种种表现，有一半的“功劳”都是归于自己的。

和小希的妈妈一样，许多家长一边做着影响孩子专注力的事情，一边怪孩子做事不专心，并认为是孩子的学习态度不好才导致注意力不集中，他们常常教训孩子“自己不好好学习，还怪环境不好”。

然而，家长们有没有想过：自己总是期待孩子能够提高专注力，但是自己不给他创造一个良好的环境，这对正处于好奇心强、喜欢探索又没有一定自控力年龄阶段的孩子来说，不是刚好给他们提供了一个无法专注的环境吗？

战国时期的墨子曾提出了著名的“素丝说”，他认为，“人性如素丝，染于苍则苍，染于黄则黄”，说明人的品德和性格会随着所处的环境和接受的教育而发生变化。瑞典教育家爱伦·凯提出了同样的观点，她指出，良好的环境是孩子形成正确思想和优秀人格的基础。他们的这些观点都说明了环境对人的重要影响。

因此，要想让孩子拥有良好的专注力，父母应注意审视自己，积极给孩子创造一个整洁、温馨的家庭环境。

嘈杂的环境对孩子专注力的影响

一般来说，孩子在人来人往、声音嘈杂的地方更容易分心走神。这是因为，长期处于噪声环境中，孩子的听力状态很容易受到影响，他的专注力也会随之受到影响。

具体表现为：过度的噪声会使孩子心神不宁、睡眠不足，使孩子无法将注意力集中在本该专注的事物上，甚至还会影响孩子的情绪，导致他们容易出现激动的情绪，并缺乏耐受性。同时，过度嘈杂的环境还会对孩子大脑功能的正常运转产生极为不利的影响。

许多父母对噪声大小的衡量并没有什么深切的体会，下面我具体介绍一下不同分贝的噪音对孩子所产生的影响。

一般来说，日常谈话声音通常为30~40分贝，所以40分贝以下的声音几乎不会对孩子产生什么负面影响；说话声音超过80分贝，尤其是大声喧哗或者高音喇叭能达到90分贝的声音，在孩子听来就是噪音了，这很可能会使他们出现各种不正常的反应，如头昏、头痛、耳鸣、情绪紧张、记忆力减退等。

也就是说，环境中的噪音不仅会影响孩子的学习，而且影响孩子的健康，因此，家长务必要给孩子提供一个能使其专注的环境。

如何创造有利于孩子专注力的环境

什么是有利于孩子专注力的环境？简单地说，整洁、温馨的环境就是对孩子专注力最有利的环境。这是因为，整洁的环境可以让孩子的视线不再被周边的事物左右，从而可以专心做好自己的事情。而温馨的环境可以使孩子的心绪不会因家庭琐事而困扰，他自然能静下心来，做好眼前的事。

此外，整洁、温馨的家庭环境还能给孩子带来一种积极向上的家庭氛围，这时，孩子对外界事物的抗干扰能力就会增强，他自然就获得了拥有良好专注力的环境基础。

既然环境如此重要，那么我们如何为孩子提供一个整洁、温馨的环境呢？

1. 保持家庭环境干净整洁

“干净整洁”其实包含两层意思：其一是保持家庭环境卫生的干净，其二是保证所有物品摆放整齐有序。

家长要搞好家庭环境卫生，及时清理生活垃圾，否则一个小纸片都能让孩子分心。而且，如果家里经常垃圾遍地，则很容易滋生细菌，影响孩子的身体健康，孩子一旦生病，就更不能集中精力了。

家里物品随意摆放，也很容易让孩子分心。比如，孩子的房间乱七八糟地堆放着各种各样的玩具、学习用品、零食，孩子自然不能专心学习。孩子的房间里最好只摆放床、衣柜、书桌、书架、椅子等必要的家居用品，不要放置与孩子的生活没有直接关系的物品。即使没有条件给孩子提供一个单独的房间，家长也要给孩子留有一个学习和玩耍的角落，这是孩子的一方天地，他对自己的这个地盘具有很强的归属感和占有感，做功课时就会格外专心。

2. 父母要养成良好的习惯

有的家长喜欢呼朋唤友、高谈阔论，有的家长喜欢打麻将，这些虽然不是什么不好的事情，但还是尽量不要在孩子专注做事的时候做这些事，否则会破坏孩子的专注力。如果家长想要交际、休闲、娱乐，就应将地点选在饭馆、公园、棋牌室等远离孩子的场所，以免对孩子的学习和生活造成影响。

另外，家长平时要注意培养自己良好的兴趣爱好，可以选择一些修身养性、安静恬淡的休闲方式，如读书、看报、下棋、练书法、画画等。这样，不仅可以提高自己的修养，而且不会影响孩子。孩子在这种良好氛围的熏陶下，会养成良好的习惯，并逐渐发展出自己的爱好。同时，他们耳濡目染家长一丝不苟、专心致志的做事态度后，也会逐渐形成认真、专注的做事风格。

言传身教，实现“无为而教”

父母要知道，自己的一言一行都会对孩子的行为、习惯、品质、素质产生很大的影响。有研究表明，自母亲怀胎开始，胎儿就与母亲互相分享着彼此的意念和心情；孩子出生后，更是与家庭有着千丝万缕的亲密联系。

打一个形象的比喻，孩子的眼睛就像一台摄像机，每天眼睛一睁开，录像的功能就被激活，它将眼前的一切画面都毫无保留地录下来，并分类存盘；孩子的耳朵则相当于超级录音笔，凡是听到的，无不留下痕迹。

因此，可以说，父母的言行举止都是孩子模仿的对象，他们的一举一动都是最佳的活教材。有时候，父母根本不用特意教什么，孩子在不经意间就已经学到了父母的为人处世之道。

俄国著名文学家托尔斯泰曾说过这样一句话：“教育孩子的实质在于教育自己，而自我教育则是家长影响孩子最有力的方法。”

因此，要想提高孩子的专注力，家长就要以身作则，时刻给孩子做出最好的榜样，从而使教育达到“无为而教”的最高境界。

为此，父母要先从以下几个方面努力。

1. 重视以身示教的力量

一些家长认为，教育孩子很简单，就是当孩子不懂或者不会的时候，给予他指导，教他学会；当孩子犯错误或者发现孩子缺点的时候，就批评他、教育他。这些教育方法固然重要，也是我们应该去做的，但是教育的内涵远远不止这些。

比如，对于孩子走神、分心的问题，如果家长一味地告诫孩子“学习要专心，不要走神”，则这种空洞的说教往往收效甚微，有时甚至会让孩子产生逆反心理。

国外权威教育家经过长期的观察研究，得出了一个结论：父母对孩子的影响，行为比言语更重要。这和我们常说的“身教胜于言传”“以身示教”的观点不谋而合。

我们来看一个画面。

爸爸和女儿约定下午一起去书房，爸爸忙工作，女儿做功课。可是，没多长时间，女儿就有点坐不住了，她开始左顾右盼，一会儿吃点零食，一会儿玩玩铅笔……而爸爸始终专注于自己的工作。

女儿看到爸爸专注的样子，感觉很羞愧，也开始认真地学习起来。

就这样，父女两人专心致志地工作、学习了一下午。

这是一幅多么温馨的画面！父亲的专注，深深地感染了顽皮的女儿，使她也变得专注起来，这就是以身示教的力量。

以身示教是一种润物细无声的教育，是一种潜移默化的教育，也是最有效、最有力度的教育。凡是我们希望孩子做到的，自己首先要做到，然后再以这种无声的教育，慢慢影响、感染孩子，使他效仿自己的做法。

2. 善于通过孩子反观自己

许多父母一看到孩子注意力不集中，就会劈头盖脸地指责孩子，甚至打骂孩子，但是从来没想过孩子出现这样的行为可能和自己有一定的关系。

美国著名亲子关系专家哈尔·爱德华·朗克尔曾告诫父母："你能为孩子做的最伟大的事情，就是把焦点放在你自己身上。"意思是说，当孩子的言行出现偏差的时候，父母不要将焦点放在孩子身上，对孩子横加指责，而是应该把焦点放在自己身上，透过孩子的言行反观自身，看看自己身上是否存在类似的问题。

事实上，中国古人早就提出过类似的理念，比如孟子在两千多年前就提出了"行有不得，反求诸己"的观点。因此，当孩子出现问题的时候，家长要先反省自己。

比如，孩子出现专注力不够的现象，父母在反观自身的过程中，如果发现自己身上并没有类似的现象，就要寻找孩子分心的其他原因，并对症下药；反之，父母就要改变自己，以自己良好的言行感染孩子，以此提高彼此的专注力。

3. 要改变孩子，先改变自己

一个人要想改变别人，首先要改变自己。同样的道理，要想纠正孩子注意力不集中的行为习惯，父母首先要改善自己注意力不集中的坏毛病。只有这样，孩子才能真正地改变。

比如，家长和孩子一样，注意力容易分散，那么，家长就要努力克服这种不良的行为习惯，即使周围有噪声，也要专注于自己的事情。这样，孩子就会受到感染，就不会轻易受到外界的干扰了。

不过，需要注意的是，如果周边发生了比较危险的事情或者出现了一些紧急情况，孩子就要立刻放下手头的事情，以使自己远离危险或者去应急。

不被打扰，孩子学习更专注

孩子的学习成绩往往是家长最关心的问题，许多家长为孩子的学习操碎了心，陪读、陪写作业、报课外辅导班，是大多数家长的选择。家长勤勤恳恳、任劳任怨，可是孩子的学习成绩依然没有提高。

殊不知，家长过度的“关怀”反而不利于孩子的学习，因为他们一次又一次地破坏了孩子的专注力，这就导致孩子的学习效率下降，学习效果也不理想。

果果的妈妈被老师通知去学校聊聊孩子学习的事。

到了学校之后，老师告诉她，果果上课总是走神，不能专心听讲，所以每次考试成绩都在中游徘徊。

一听老师这样说，果果的妈妈打开了话匣子：“老师，您说得一点没错，我家孩子确实有这个坏毛病。我们在客厅看电视，她在自己的房间里写作业，总感觉她心不在焉的。我们关了电视总行了吧，可是她还是不能专心学习。我说过她很多次，她总是‘左耳进，右耳出’，照样如此。有时候，我以为她在用心学习，感觉她学习很辛苦，就给她送去水果，结果进去一看，她一边摆弄着铅笔，一边看着窗外发呆呢！唉，真不知道该拿这个孩子怎么办才好。”

果果的老师认为，果果没有办法进入学习状态，和她的家庭环境有很大关系。如果在果果学习的时候，家长不打扰她，她学习的效果就可能更好。可是果果的妈妈认为，她的做法可以锻炼孩子抗干扰的能力。

果果妈妈的观点有一定的道理，但孩子毕竟还小，处于好奇心非常强的阶段，没有成人那样的自控力，很难做到不受干扰。如果家长想当然地通过干扰的方式锻炼孩子的专注力，则往往只会起到反作用。要知道，即使家长什么也不做，什么也不说，只是静静地陪在孩子身边，也有可能会分散孩子的注意力，何况其他方式的干扰呢？

因此，孩子在学习的时候，家长要做的最重要的事情就是给孩子提供一个安静的学习环境，这样孩子才能专注学习，不受干扰。

1. 保持家庭环境静谧

有的家庭常常出现这样的场景：孩子在写作业，家长在一旁打麻将，或者看电视，或者打电话聊天。有时候，孩子还会插一两句嘴。试想，这样的学习环境怎么能让孩子专心学习呢？

因此，在孩子学习的时候，家长最好保持安静，不要出现看电视、打麻将、播放音乐、和别人聊天等行为，尤其是家人吵架等情况，更应该尽量避免。

当然，当孩子分心、走神的时候，家长可以用简练的语言稍微提醒一下他，最好不要一直在他的耳边絮叨。如果孩子学习时间过长，家长就要提醒孩子适当休息，不要过于劳累。

2. 不要让学习中的孩子做其他事

周末，子君正在家里做作业。妈妈为了给孩子补充营养，一直在厨房忙碌着，做各种各样的营养餐。

忽然，子君听到妈妈的声音："子君，咱家的盐用完了，赶紧去买袋盐！"子君正在对着一道数学题冥思苦想，刚有一些思路，就被妈妈打断了，她小声地嘟囔着："您不会自己去吗？这道题我马上就想出来了。"

很多妈妈都习惯让正写作业的孩子帮着干这干那。结果，沉浸在学习中的孩子被打扰，就很难再集中注意力了，这样非常不利于培养孩子专心致志的学习态度。

有的父母在进入孩子的房间的时候，甚至不敲门，这不仅转移了孩子的注意力，而且伤害了孩子的自尊心。作为家长，我们应该给孩子一个安静自在的学习环境，不要总是强行破坏孩子的专注力。

3. 做到不陪读

大多数父母都会对孩子进行“陪读”，虽然他们的用意在于让孩子将更多的精力投入学习当中，但是孩子不能理解。他们认为学习不仅是自己的事情，而且是父母的事情，从而产生一种依赖性，并且对其他的事情不闻不问。这就导致一旦父母有疏忽，或者离开，孩子就无法生存。

父母可以在孩子学习的时候，拿一本书在孩子身边和他一起学习。尤其对年龄较小的孩子来说，这种方法有利于培养孩子专注学习的好习惯，同时，父母能给孩子树立一个榜样。

4. 给孩子一定的自主权

对于做作业，孩子往往有自己的安排和计划，有一套自己的思维流程。比如，对语文、数学、英语这三门功课，家长往往认为孩子应该先做语文作业，因为语文相对比较简单；做完语文，再做数学，这样可以帮助孩子发散一下思维；最后再做英语，因为英语需要多下功夫去学。

孩子却认为应该先做英语作业，因为英语课没有新知识点，可以先完成，而数学课老师讲了几个新知识点，所以数学作业要压后再做，以便全力解决。这时，父母就要尊重孩子的想法，让孩子自己做主。

少催促，孩子真的“快不了”

对自己的孩子，父母总是抱有很高的期望。当他们发现孩子表现不佳的时候，心情就会变得很急躁。我们在生活中常常看到这样的现象：不管孩子是在学习还是做其他的事情，父母都把“快点”两个字挂在嘴边。父母总是感觉孩子做事太拖拉，希望他们能快些、快些、再快些。殊不知，孩子往往被催得不知所措，甚至心烦意乱，他们的心里一定无数次地喊着：“我真的快不了！”

如果父母不断地催促孩子，孩子的大脑就像听到“紧箍咒”一样，满脑子都是父母催促的话语，他就很可能被催得喘不过气来，而且他的思路、行为会因此而受到影响，专注力更是无从谈起。这样一来，孩子原本要做的事情就会几次三番被打断，自然无法专心将事情做好。

一位母亲对此深有体会。

我让儿子帮我打扫卫生，任务是将客厅杂乱的地方收拾一下，然后将地上的垃圾清扫干净。这对做惯了这些家务的我来说，简直是小菜一碟，可是儿子做起来就没那么简单了。

在我看来，儿子打扫卫生的速度简直就是龟速。当我把其他一切都收拾妥当以后，我发现儿子竟然还在整理客厅茶几上摆放得乱七八糟的东西。

我一着急，便催促道："你倒是快点啊！这么半天怎么还没收拾完呢？"

儿子一听，手上加快了速度，但是手上的动作乱了套，不是碰翻了杯子，就是把报纸掉落地上，结果刚刚还整理得像那么回事的客厅立刻变得不成样子。

这时，我更着急了，说："你怎么还越整越乱了呢？要是手脚麻利点，肯定早就弄完了。"

谁知儿子忽然一屁股坐在沙发上，沮丧地说："妈妈，我快不了，您非要让我和您一样，我实在做不到。您老是催我，我都没法专心打扫了。"

说实话，当时我挺生气的，一个人气鼓鼓地做完了剩余的家务。不过事后我冷静下来一想，似乎问题的确出在我身上。孩子本来还小，没有做家务的经验，不可能像我那么麻利。另外，我总是催促孩子快一些，他的头脑中如果全是我的催促声，就没办法集中精力将手头上的事情做好，结果越催孩子反而孩子越快不了。

这位妈妈分析得很有道理。事实的确是这样，我们不断催促孩子，会使孩子产生一种紧迫感，而他的手脑协调能力还不算好，就算他的头脑里想着要做快一点，但是手上的动作无法加快速度。而且，孩子一边想着“做快一点”，一边做事，很容易使注意力分散，结果反而无法将事情做好。

因此，我们不要以成人的眼光和标准要求孩子快速完成他无法完成的事情，不要总是催促孩子，否则很容易制造一种“紧张气氛”，让孩子无法专心做事。最好让孩子在一种平静的心态下将一件事情踏实地做好，这样才能保证孩子的专注力更持久。

1. 耐心等孩子把事情做完

一位妈妈说：“一看到孩子在那里磨蹭，我就急得不行，恨不得替他做完。”其实，我们并不知道孩子的内心是怎么想的，不了解他做事的先后顺序。既然如此，那么我们不必着急，耐心地等孩子把事情做完，总好过中途打断孩子。如果我们心里没底，完全可以直接问孩子，听他讲讲自己做事的步骤和计划，这样我们也能做到心中有数。而在孩子做事期间，我们尽管去做自己的事情，只要不打扰孩子，就是对孩子专注力最好的保护。

当然，有的孩子可能是做事方法不对，导致做事缓慢。即使这样，我们也要等孩子把事情完成，再给他讲讲其他能够快速做事的方法，帮助孩子提高做事的效率。

2. 给孩子安排“弹性时间”

大多数家长都希望自己的孩子能够尽快地把事情做完，但是，孩子是很容易分心的，因此，给孩子限定时间是非常有必要的。只是限定的时间不宜太短，要给孩子留下足够的弹性时间，这样才能保证孩子能够轻松完成手中的事情，而不至于使孩子太着急，产生焦虑感。

再者，如果家长一味缩短孩子做事的时间，则不仅不能让孩子很好地完成任务，而且可能让孩子养成“应付了事”的坏习惯。

由此可见，要想改变孩子拖沓懒散的习惯，家长就要让孩子有时间观念，但是时间观念并不是靠“催”产生的。家长可以事先给孩子限定一定的时间，但是不要把时间限制得太死。

通常来说，父母之所以不断催促孩子，是因为潜意识里将孩子所做的事情当成了自己的事情。慢慢地，孩子也会形成这样的认识。让孩子自主安排自己的事情，可以增强孩子的自主意识与责任感，从而可以使孩子一心一意地做好自己的事情。

3. 少催促并不是不催促

本节所说的“少催促”，并不等于不催促，对孩子拖拉、懒散的行为视而不见，放任不管。有时候，孩子在做一件事的时候，大脑开始神游，这样，他自然不能在规定的时间内将事情做好。这时，父母只需稍微提醒一下，帮孩子找回思绪即可。

比如，当孩子写作业的时候，忽然因为某种原因走神了，家长看见以后，不必大惊小怪，立马上前训斥，只需要轻轻咳嗽一声或者敲敲书桌，以示提醒。为了避免孩子产生尴尬的心理，家长可以借由递水或者送水果，对孩子说：“你是不是累了？喝点水（或者吃点水果）再做吧。”家长这样做，孩子会更乐意收心继续学习。

说教有度，别在孩子耳边念“紧箍咒”

“妈妈，请您不要唠叨了！您什么时候才能够不唠叨啊！妈妈，今天，我又听到您的唠叨声了，您总是唠叨个没完没了。您能不能歇歇呀？要知道，我好不容易才有个周末，您却给我报了班。到时间了我自己会起床的，可是您还是不停地唠叨。”

“妈妈，我求您了，求您别唠叨了。我也知道我很让您操心，但是请您尽量不要唠叨了，好吗？该做的事情我都知道，您的唠叨只会让我更烦。”

这是一段来自美国的一个五年级小学生的日记。在这段日记中，该小学生表达了对妈妈唠叨的无奈，并希望妈妈以后不要总是唠叨。相信这段日记写出了很多孩子的心声。

的确，在我们的家庭教育中，常常存在这样的现象：妈妈对孩子不停地叮嘱、提醒和催促。不可否认，孩子在成长的过程中，确实需要家长的说教、指导，但是说教、指导并不意味着要在孩子耳边一直唠叨个不停，毕竟没有孩子喜欢一直被唠叨。

也许在很多妈妈的观念里，唠叨是对孩子“爱”的表现，于是，她们在表达自己感受的时候，忽略了孩子的感受。就拿孩子的专注力来说，一方面，她们希望孩子做事专注，把事情做好；另一方面，她们通过唠叨在不经意间破坏了孩子的专注力，将孩子的注意力打断。孩子的思绪被打乱后，自然无法将事情做好。

孩子的大脑发育还不成熟，本来就很难保持长久的专注力，一旦注意力被转移后就更难继续保持原有的专注度。另外，孩子接受和处理信息的能力也远远达不到成人的水平，所以很可能会出现较多的失误和问题。这些都是他们在特定年龄阶段会出现的正常现象，我们成人应该予以理解和包容，不能凭借自己的主观意愿要求孩子一定要达到某种程度，而应该给孩子一个宽松的成长环境，在孩子做事的时候，尽量减少一些不必要的唠叨，也许这样孩子会更加专注，能把事情做得更好。

而且，随着孩子慢慢长大，他们也会渐渐明白一些道理。有时候，过多的唠叨反而会让孩子因为厌烦而无视这些教诲，这显然不是我们希望看到的。

要想让孩子拥有良好的专注力，家长就要减少甚至杜绝毫无意义的唠叨，给孩子一个安静的成长空间，让他按照自己的节奏一步一步地解决面临的问题，我们只要在背后支持并鼓励孩子，让他安心做事，就够了。

为此，家长应把握以下几点。

1. 事先叮嘱好

在孩子准备做一件事之前，家长最好将所有需要交代的话一次性说完，孩子一旦进入状态，就不要再打扰他了，让他可以有一个自主且清静的专注做事的空间。这样一来，孩子既能了解我们所担心的地方，又能根据我们的建议对所做的事进行全面的考虑，他出错的概率将大大减少。

当然，这需要家长思虑周全，具有很强的预见性，根据孩子要做的事情的性质、孩子的个性特点和做事风格等，从头到尾梳理一遍，尽量在一开始就将所有能想到的问题都对孩子叮嘱一遍，这样就不必在孩子做事的过程中反反复复地唠叨了。

就拿陪孩子写作业这件事来说，在孩子写作业之前，家长只要告诉孩子“要仔细审题，认真答题，做完题仔细检查一遍”，大部分孩子都能理解家长所说的话是什么意思，自然就会按照我们所说的去做了。

2. 对孩子有信心

有的妈妈总是在孩子耳边唠叨，其根本原因在于对孩子不放心，也就是对孩子没有信心，妈妈总是认为孩子不理解她所叮嘱的话，或者会忘记她提醒的事情，于是就在孩子做事的时候开启了“唠叨”模式。

表面上看，妈妈的唠叨是为孩子好，但是频繁的唠叨很可能一次又一次地打乱孩子的思绪，让孩子的关注点转移到妈妈的唠叨上，而不是自己的做事过程中，反而不能专心地做自己该做的事情了。

因此，我们要相信孩子，相信他能理解自己的话，相信他能把事情做好，即使他做不好，他也获得了一次成长锻炼的机会。

3. 容忍孩子做事时的错误和不足

很多家长在孩子写作业的时候，常常替孩子着急，恨不得替孩子把作业写完。他们一会儿说“这道题抄错了”，一会儿说“这道题做错了，重新算一遍”。孩子就在家长的提醒下，不断地改正错误。当他改完错题再回到原来的题目时，一下子又没有了头绪。这时，家长又开始唠叨：“这么简单的题都不会做，我看你这课都白听了。”结果，孩子的作业写了好久还是写不完，而且总是错误连连，于是家长的唠叨声便“声声入耳”。

其实，孩子在做事的过程中犯错是难免的。如果家长一直在孩子耳边唠叨，则只会破坏孩子的专注力，最终孩子更不知道该如何做事了。

为了杜绝出现上述现象，家长最好对孩子的错误和不足秉持一种宽容的态度，即使孩子在做事的过程中出现了一些不尽如人意的地方，我们也要等他做完事再指出来，不要在中间突然打断，甚至严厉指责孩子的过错，否则不仅会扰乱他的思绪，而且会伤害他的自尊心和自信心。

当孩子能独立完成作业，并主动检查错误、改正错误时，我们应该给予鼓励，让孩子争取下次不再犯同样的错误。

拒绝暴力，不打不骂也能教出好孩子

由于孩子的好奇心重，自我控制能力较差，因此一点小事往往就能让专心做事的他分心，表现出心不在焉的样子。

面对这种情况，很多家长都大为恼火，他们认为孩子这样的状态是无法好好学习的。一些家长无法忍受孩子思想上“开小差”，再加上没有耐心去正确地引导孩子，于是就采取了自以为非常有效的暴力手段去制止或者惩罚孩子，要么严厉地对孩子进行斥责，要么对孩子大打出手。这些家长相信并奉行“不打不成器”“不骂不成才”的观点，他们认为，只有让孩子受一些皮肉之苦，他才能长记性，才能将注意力用在该用的地方。

可是，打骂孩子这种暴力手段对孩子真的有用吗？被打骂之后，孩子做事就能变得更专注吗？

事实上，答案是否定的。下面的案例就是最好的证明。

一个星期天的上午，田田像往日一样坐在窗前写作业。这时，一架飞机从天空飞过，留下了两道长长的白线。

田田在飞机的轰鸣声中抬起了头，她的目光很快被那两道白线吸引了。这时，她的思绪已经飘远了：她想到了在电视上看到的飞行表演，想到了那蓝天白云下面的美丽景象，还想到了有一天自己也能穿上飞行员的服装，昂首阔步地走向一架“战机”……

正当田田浮想联翩时，妈妈来给她送水果，打断了她的思绪。妈妈看到田田一个人坐在那里傻笑、抬头望天，一副神游天外的样子，就气不打一处来。她大声吼道：“你在干什么呢？又走神了！怪不得每次写作业都写好长时间，原来净在那发呆了！你说说你，怎么不把心思用在学习上呢？快点写吧！上午你要是写不完作业，小心我和你爸收拾你！”说完，妈妈摔门而去。

田田早已对此习以为常，并没有表露出什么不开心的情绪。她心不甘情不愿地再次拿起了笔，可是思绪混乱，不大一会儿，她又开始对着天空发呆了。

在这个案例中，田田之所以不能集中精力写作业，是因为飞机的轰鸣声转移了她的注意力，使她想起了自己的飞天梦。妈妈显然并不了解她的想法，只是看到了她走神这一表面现象。而且，妈妈的做法简单粗暴，不能让孩子信服，也就无法从根本上解决孩子写作业不专注的问题。

由此可以看出，家长的暴力手段，除了会伤害孩子的身体和心灵之外，对专注力的培养起不到一点作用。因此，我们不能采用暴力手段来管教专注力不足的孩子。要知道，孩子的专注力不是一朝一夕就能培养起来的，这需要家长付出足够的耐心和努力，与孩子一起学习和成长。

那么，对于孩子走神这种现象，家长应该怎么对待呢？

1. 了解孩子的真实想法

很多家长对孩子进行打骂，是因为不了解实际情况、不了解孩子的真实想法。因此，家长平时一定要多抽时间与孩子进行交流，了解孩子的日常表现。这样当孩子走神的时候，家长就能了解他心中真实的想法，就能找到孩子分心的真正原因。只有这样，家长才能有针对性地解决问题，培养孩子专注做事的自觉性。

对照上面的案例，如果田田的妈妈能够控制自己的坏脾气，不对孩子大嚷大叫，而是冷静下来，和孩子谈心，借机了解孩子的真实想法，找出孩子走神的真正原因并加以鼓励，那么，孩子的表现很可能就会大不一样。

比如，她可以温和地问孩子："你能告诉妈妈，天上有什么好看的吗？"孩子就会告诉她自己的所思所想，她可以因此教导孩子："你的理想很伟大！如果有一天，你能驾驶着飞机飞上天空，妈妈也会为你感到骄傲的！但是，你现在的主要任务是好好学习，如果你不能专心做好自己的事情，将来怎么能当好飞行员呢？要知道，飞行员可是要注意力高度集中才行啊！"

相信这番话会对田田的触动很大，因为这是针对她的爱好说的，能激发出她的自觉性，这比简单粗暴地训斥、威胁、打骂孩子管用多了。

2. 使孩子保持良好的精神状态

要想让孩子拥有良好的专注力，首先要让孩子保持良好的精神状态。我们要用自己的耐心和包容的态度，让孩子拥有好心情。

试想，当孩子因被我们批评、威胁、打骂而产生逆反或者恐惧心理时，当他无时无刻不在小心翼翼地观察着大人的脸色或者动向时，当他哭哭啼啼地发泄着内心的负面情绪时，他又怎么能将注意力集中到正在做的事情上呢？

总之，采用暴力绝不是培养孩子专注力的好方法，则反而是破坏亲子关系、损坏孩子品质的罪魁祸首，所以我们在家庭教育中应避免使用暴力手段。

家长应该以敏感的心去捕捉孩子思想上的动向，以极大的耐心引导孩子将心收回来，并用自己的智慧去培养孩子对学习或其他事情的兴趣，这样才能培养出专注力高的孩子，才能让孩子发挥出最大的潜能。

亲子小游戏 听觉游戏：悄悄话

• 准备工作

事先藏好一样东西。

• 游戏过程

在孩子耳边悄悄地说一句话，告诉孩子什么东西藏在什么地方。比如，“你想要的玩具××藏在床头柜子里的第三个抽屉里”等，然后让孩子去寻找。

（备注：悄悄话游戏还可以这样玩，在孩子的耳边轻轻地说一些具有一定混淆性的话，比如“小明是小红的朋友，小丽是小红的朋友，小明不认识小丽，所以小明不是小丽的朋友，只是小红的朋友”，然后让孩子重复给第二个人听，第二个人再说给第三个人，让最后听到的人将听到的话复述出来，并检查一下正确率。）

• 游戏延展

“悄悄话”游戏有助于培养孩子综合的听觉能力，包括听觉注意力、听觉记忆力和听觉理解力。在游戏的过程中，所传的悄悄话可长可短，应根据孩子的年龄和能力范围而确定。

对于那些患有“多动症”或者具有边缘“多动症”特征的儿童，家长可以经常和孩子一起做这个游戏。对于“多动”的孩子，家长可以结合这种“爱动”的特性，让孩子有目标地“动”。

一般来说，那些“多动”孩子的“动”，常常是一些“为动而动”的随意行为。如果一直强行不让他们“动”，则反而会强化他们“动”的欲望。

因此，家长应该建立一种“让孩子动，但是必须有目的地动”的观念，并将其用于日常生活的实践中。这样，既能满足孩子“动”的欲望，又能提高孩子“在一定时间内专注于一件事”的能力。比如，平时家长可以让孩子帮忙做一些简单的家务，或者让孩子跑跑腿等，都可以达到这样的效果。

家长需要谨记，在孩子完成一项任务的时候，要表扬孩子，经常对孩子说一些夸奖、赞美的话，如“你真的长大了，会帮妈妈做家务了，妈妈真的很开心”之类的话，用这些具有正面强化效果的话来激励孩子，可以激发孩子的责任感和强烈的自尊心与自信心。

第三章

良好的生活品质，让孩子的注意力高度集中

良好的生活品质，对孩子专注力的养成有促进作用，这是因为孩子的睡眠、饮食、运动等，都是影响其专注力的重要因素。如果孩子睡眠充足、膳食合理、经常运动、与大自然亲近，就有了专注做事的基础，也有了足够的精力，就不会出现精神萎靡、心不在焉的状况。可以说，生活品质的高低决定了孩子专注力的好坏。

优质睡眠，专注力的有力保证

为了提高人们对睡眠重要性的认识，2001年，世界卫生组织发起了一项活动，将每年的3月21日定为“世界睡眠日”。

的确，睡眠对每一个人都很重要。这是因为，人的大脑和其他身体器官一样，需要适度的休息，才能保证正常、高速的运转。而睡眠是让大脑得到充分休息的最好方式，所以睡眠充足对每个人来说都至关重要，对正处在长身体阶段、需要超强脑力学习的孩子来说更为重要。

孩子经过一天紧张的学习，他的脑细胞已经非常疲劳，如果得不到及时、充足的休息，没有良好的睡眠做保证，不仅注意力会下降，而且他的生长发育、身体健康将受到影响。

小曼的父母是做餐饮生意的，每天放学后，她都会去父母开的餐饮店写作业，直到晚上十点多才和父母一起回家。简单地洗漱之后，小曼还要准备第二天上学用的东西。小曼准备上床睡觉的时候，往往已经午夜十二点了。

长期的睡眠不足，让处于发育期的小曼看起来又弱又小，她的身高比同龄人矮，看起来总是一副无精打采的样子，还时常感冒。在学校上课时，别说集中注意力听讲了，就连正常的听课她都保证不了。同时，她经常在课堂上打盹，总是哈欠连连的。

小曼会这样，与她长期睡眠不足有关。在这个问题上，她的父母要负很大的责任，如果他们继续无视这个问题，没有意识到这个问题的严重性，女儿的身体和大脑发育就会受到更大的伤害。

我们都知道“休息是为了走更远的路”，孩子的生活和学习也是一样。尤其是学习，它是一种消耗大量脑内氧气的脑力劳动，需要身体保障和智力因素相结合才能完成。

人的交感神经在正常情况下应该是白天兴奋，夜间休息，而孩子在晚上熬夜则会使交感神经在夜间兴奋起来。

另外，有的孩子习惯晚上熬夜写作业、学习等，这样他的大脑就会超负荷运转，渐渐处于疲劳状态，引起大脑皮层内脑细胞的倦怠，使孩子的注意力越来越分散，思维就会变得迟钝，记忆知识的效果也不理想。随之而来的就是第二天头昏脑涨没精神、反应迟钝、记忆力下降、无法专注学习等表现。

最重要的是，夜间人体各个器官的功能开始下降，血液流动减缓，抵抗力降低，所以孩子经常熬夜学习的话，很可能会引发感冒、胃肠感染、过敏等身体疾病，而且孩子还会出现失眠、健忘、易怒、焦虑不安等不良症状。

要想提高孩子的专注力，让孩子能够上课认真听讲、做作业，并且有一个健康的身体，父母就要让孩子养成良好的作息规律。为此，父母应做到以下几点。

1. 合理安排孩子的睡眠时间

孩子正处在长身体的阶段，因此家长一定要保证孩子的基本睡眠时间。与成人相比，孩子对于睡眠的需求更大，并且在不同的年龄阶段，他们对睡眠的需求也有所不同。

一般来说，3~6岁的孩子，一天最好保证11~12个小时的睡眠时间；7~9岁的孩子，每天需要保证10~11个小时的睡眠时间；12岁以上的孩子，至少要保证一天有9个小时的睡眠时间。父母可以据此安排孩子的入睡时间。

对于年龄较小的孩子，最佳入睡时间是晚上八点半到十点之间。即使孩子年龄较大也不宜入睡过晚，最好不要在晚上十点以后才上床睡觉。这是因为，晚上十点是孩子身体分泌生长激素最旺盛的时间，但是前提是孩子已经进入深度睡眠状态。因此，让孩子早一点睡觉，可以在很大程度上保证孩子从浅睡眠状态转入深度睡眠状态。

2. 给孩子营造良好的睡眠环境

安静、温馨的环境有助于孩子尽快进入睡眠状态，并且会提高睡眠品质，这就需要家长为孩子提供一个有利的睡眠环境。

比如，将卧室里的光线调暗一些，嘱咐家人说话声音小一点、走路轻一些，还可以给孩子讲一些睡前故事或者播放一些节奏舒缓的音乐……在这种温馨的氛围中，孩子的内心就会变得安宁，充满幸福感，也就能很快进入梦乡了。

3. 注意睡眠之前的禁忌

为了让孩子拥有充足、优质的睡眠，我们要注意避开一些不利于孩子入睡的因素，帮他做好睡眠之前的准备工作，以免由于自己的疏忽导致孩子出现难以入睡或者睡眠质量不佳的状况。

比如，不要让孩子在睡前暴饮暴食，否则会引起消化不良；不要让孩子在睡前做剧烈运动，或者兴奋玩耍，否则孩子由于过于兴奋，很长时间无法安静下来，也就不能按时入睡了；不要让孩子在睡前吃容易导致胀气、利尿的水果，如香蕉、西瓜等，否则他很可能会因为腹胀或者频繁上厕所而导致睡眠质量不佳。

合理膳食，把孩子不佳的注意力“补”回来

有一天，童童忽然对妈妈说：“妈妈，你给我报一个绘画班吧，我想要学画画。”

妈妈怀疑地问：“你怎么突然想要学画画？不是心血来潮吧？要知道，坚持学画画需要很大的毅力，遇到困难，你会不会半途而废？”

童童坚定地说：“不是心血来潮，我早就想学画画了。我保证不会半途而废，一定会好好学的。”

于是，妈妈给童童报了名。然而，不到一个月，童童就不想去学了。一到上课的时间，他不是肚子疼就是胃疼。

“为什么你白天的时候活蹦乱跳的，偏偏一到晚上要去上课了就说这儿疼那儿疼的？你是不是为了不去上课装病？”妈妈质问道。

“不是，我是真的肚子疼。”

结果，妈妈带童童上医院一检查，才发现晚饭给童童吃了很多

偏寒性的食物，致使本就体寒的童童经常肚子疼或胃疼了。

孩子在身体不适的情况下，常常无精打采，做什么事都不能全身心地投入，自然做事情的专注力就会不强了。

那么，是什么原因造成孩子体质不佳呢？

造成孩子体质不佳的原因，除了睡眠之外，另一个就是饮食。对处于生长发育期的孩子来说，只有摄入健康的、营养丰富的食物，才能保证他们拥有健康的体魄、旺盛的精力、灵活的头脑和超强的专注力。

可是，没有一种食物能够满足孩子所需的全部营养，因此，我们在为孩子准备食物的时候，一定要注意食物的搭配，尽可能提供营养全面、均衡且色、香、味俱佳的食物，这样才能满足孩子大脑的营养供给，从而使孩子保持一定的专注力。

具体来说，家长最好做到以下几点。

1. 合理安排一日三餐

家长不仅要给孩子提供营养全面的饮食，而且要多花心思，安排好孩子的一日三餐，这样才能保证孩子的饮食更健康、更安全，才能提升孩子的生活品质。最重要的是，安排好孩子的一日三餐，可以为孩子专注力的培养提供有力的保障。

通常来说，孩子的早餐一定要营养丰富，并且保证孩子能吃好，只有这样，才能保证孩子的身体经过一晚上的休息后获得充足的营养，同时可以提高孩子大脑的兴奋度，使其能够集中注意力；

至于午餐，则需要保证准时，还不能让孩子吃得过饱，否则会影响午休，导致他下午没有精神，不能专心学习和玩耍；对于晚餐的安排，同样需要保证在时间上不能太晚，而且应尽量简单，食材上需选取有助于消化的食物，以免因消化不良而影响孩子的睡眠质量。

2. 补脑食物不可少

如果大脑长期营养不足，就很容易使人头晕目眩、精神涣散。对孩子来说，如果大脑营养不足，就很容易专注力不足，反应迟钝，不仅影响他的学习效率和考试成绩，而且会对他的身体和大脑发育产生一定的危害。

因此，家长在给孩子准备一日三餐时，可以多给孩子准备一些补脑、健脑的食物，这样才能为大脑提供源源不断的营养，提高孩子的兴奋度和专注力。

那么，哪些食物具有补脑健脑的作用呢？

（1）富含卵磷脂的食物。有关数据显示，卵磷脂的含量占人的脑神经细胞质量的17%~20%，它有助于提高脑细胞的活跃程度，提高记忆力和智力水平。

因此，家长应该让孩子多摄取富含卵磷脂的食物，如大豆、蛋黄、蘑菇、山药、木耳、动物肝脏等。

（2）富含不饱和脂肪酸的食物。除了卵磷脂，还有一种物质对人大脑的正常运转起着至关重要的作用，它就是不饱和脂肪酸。不饱和脂肪酸是人体必需的一种脂肪酸，也是大脑和脑神经的重要营养成分，如果摄入不足，人的记忆力和思维能力就会受到影响。

坚果类食物中富含不饱和脂肪酸，家长平时可以让孩子多吃一些花生、瓜子、核桃等坚果。

（3）葡萄糖。人的大脑之所以能够正常运转，得益于大量的葡萄糖释放的能量。儿童所储备的葡萄糖较少，这就导致他们比成人更容易疲劳，专注力更容易被分散。要想培养孩子较强的专注力，家长就必须在日常饮食中给孩子补充必要的葡萄糖。

（4）富含维生素的食物。B族维生素、维生素C、维生素E等营养成分，是孩子大脑发育和正常运转所必需的。家长要经常给孩子提供富含维生素的食物。这类食物主要包括苹果、葡萄、柠檬、菠萝、香蕉、橙子、猕猴桃、胡萝卜、西蓝花、芹菜等。

3. 让孩子远离垃圾食品

有的食品毫无营养价值，却因包装美观、味道佳，深受孩子的青睐，如冰激凌、方便面、炸薯片、饼干、糖果、巧克力、膨化食品等。然而，这些零食不仅会危害孩子的身体健康，而且会使孩子的智力水平下降。

有专家指出："小孩的大脑发育和神经体系的发育，需要食物中的蛋白质、维生素和微量元素。而垃圾食品主要含热量，不含或很少含有人体需要的营养素，所以垃圾食品吃多了，必然会影响孩子的智商发育。"

因此，要想让孩子有一个健康的体魄，家长尽量不要让孩子食用垃圾食品。最好的办法就是用那些营养丰富又香甜可口的水果以及奶酪、奶片和酸奶等取代垃圾食品，这些都是孩子可以食用的、有益于孩子身体健康的食品。

多运动，可提升孩子的专注力

越来越多的证据表明，运动不仅有益于身体健康，而且能起到健脑的作用，它是保持大脑健康、头脑清晰的有效方法之一。不仅如此，体育运动还能加快人体的新陈代谢，降低压力，使人心情愉悦，从而专心做事。对孩子来说，运动同样能够帮助他们保持头脑清晰，从而保持良好的专注力。

美国伊利诺伊大学的科研人员进行了一项实验，结果表明，每当学生参加完体育活动后，他们在学习时会更加专注，学习成绩也更高。这些体育活动包括体育课上的体育运动和课外活动等。

实验内容是这样的：研究人员随机选了20名9岁的学生参与这项实验。第一天，在学生休息20分钟后，研究人员对他们进行了一系列测试；第二天，研究人员让他们在跑道上步行20分钟后，又进行了同样的测试。在这两次测试的过程中，研究人员不仅关注学生的测试结果，而且监测他们的脑电图，观察其大脑活动情况。

测试结果表明，学生在参加体育活动后，他们回答问题时会特别专心，答案也非常准确，而且问题越难，回答得越准确。经过对脑电图进行分析，研究人员还得出一个结论：参加体育活动的孩子能够更好地分配注意力资源，而且不易受噪音等因素的影响。

为了证实这一结论在学生学习时同样适用，研究人员对学生进行了阅读、单词拼写和做数学题三项测试。结果显示，学生在进行体育运动后测试成绩更高。

每一项体育运动都需要持之以恒地坚持，体育运动不仅可以提高孩子的身体健康水平，而且可以让孩子在运动中学会如何集中注意力，并将这种从运动中获得的专注力运用到日常学习和生活中。这对孩子来说意义非凡。下面，我推荐几项有助于提高孩子专注力的体育运动。

1. 跳绳——躲避中的注意力

有研究人员认为，保持人体的平衡需要三个环节共同参与，分别是感觉输入、中枢整合和运动控制环节。在这个过程中，多个系统都参与了进来，比如前庭系统、视觉调节系统、身体本体感觉系统、大脑平衡反射调节系统、小脑共济协调系统。另外，肢体肌群的力量在人体平衡功能的维持方面也起到了重要作用。

研究发现，注意力较差的孩子在上述调节功能上都存在或多或少的发育不良现象。比如，有的孩子走路不够专心，不是从人行道上走到车行道上，就是对红绿灯的变换不够敏感，不是没有反应过来就是反应较慢。孩子的这些注意力问题很可能与其身体里各项系统的发育不良有关，尤其是与视觉调节系统、小脑共济协调系统等发育不良有关。

因此，要想提高孩子的注意力，家长可以从训练这些系统功能着手。跳绳就是一种不错的训练方式，它能够起到综合锻炼的效果，同时能提高弹跳能力、节奏感、身体协调能力等各项能力，并能增强心肺功能，从而有助于孩子专注力的提高。

跳绳锻炼的是孩子在躲避中的注意力，能够让孩子将注意力集中到移动的物体和自身上，时刻注意“跳绳来了”“跳绳走了”，并想着“不能让它碰到脚”。而且跳绳操作简单、极易掌握操作要领，对孩子来说，在课余时间和户外活动中是一个不错的运动选择项目。

2. 舞蹈——连贯中的注意力

舞蹈锻炼孩子前庭平衡能力。研究表明，注意力与前庭平衡能力有着一定的关系。如果孩子前庭平衡能力失调，就会表现为：方向感不清晰，经常左右不分；走路时跌跌撞撞；旋转时容易头晕；不敢走平衡木；上课时好动不安，注意力难以集中，爱做小动作等。而舞蹈就是一种能够有效提高孩子前庭平衡能力的运动方式。

此外，学习舞蹈时轻松愉快的歌声、生动活泼的舞蹈动作，都能够强烈吸引孩子的注意力，使其好奇心加剧，从而高度专注于老师举手投足的舞蹈动作，激发孩子学习舞蹈的兴趣，他的学习积极性就会显露出来，这就能在一定程度上缓解孩子上课时注意力差的现象。

3. 乒乓球——跟踪中的注意力

众所周知，眼睛是接收信息的主要通道。孩子平时阅读、书写、做作业等都有赖于眼睛的运动能力，超过一半的学习方面的信息都需要经由眼睛传递给大脑。

因此，许多注意力不集中的孩子都出现了视觉上的一个共性，那就是视线很难集中到一个点上，总是游移不定，无法长时间和别人对视或者长时间注视一件物品，无法养成持续注意的习惯，学习时经常分心、走神。有的孩子在抄写课文的时候之所以经常错漏百出，就是因为他无法将自己的视线长时间停留在书本上。

要想提高这部分孩子的注意力，最好的办法就是将视觉和手部的动作结合起来，这种练习不仅能提高孩子的注意力，而且能提高孩子动作的精确度。

而研究表明，打乒乓球可以使人的视线长时间跟踪一个物体不断移动，是提高持续性注意力的一个绝佳办法。

另外，这项运动具有较强的对抗性和高度的灵活性，对高级神经活动的要求较高，要求参与者既能快速地兴奋起来，又能及时地抑制。这种迅速地兴奋和抑制过程的转换，可以提高孩子的反应能力和控制能力。

除此之外，游泳、轮滑、踢足球等也有助于提高孩子的专注力。

游泳是一种需要身体协作配合的运动，它可以帮助孩子缓解学习上的压力，更能改善由感觉统合问题引起的注意力不集中的问题，让孩子释放多余的精力，不再过度活跃，甚至能改善由注意力缺陷引发的多动症。

滑轮滑时，孩子如果出现分心、走神的现象，他的身体就不能很好地协调平衡感，分心和失衡几乎是同时发生的，摔倒就成了必然。而且孩子滑轮滑时的前进速度一般较快，这就需要他去避让各种障碍，以防撞到人或者其他物体，而这些只有集中注意力才能做到。所以，学习轮滑有助于提高孩子的注意力、观察力和判断力，对孩子良好性格的养成也大有裨益。

家长可以通过让孩子踢足球提高他的注意力。这是因为，孩子在踢球的时候，他的眼睛会始终盯着目标——足球，不敢有一丝一毫的松懈，一旦足球从视线中消失，就有可能落入对手的脚下。而且踢足球是一项团队运动项目，这就需要每一个队员与其他队员相互配合，相互协作。由此可见，踢足球作为一种策略性运动，不仅可以帮助孩子在锁定目标的前提下提升注意力，而且可以提升孩子下肢的运动协调能力和奔跑能力。

亲近大自然，孩子更专注

美国密歇根大学的研究人员根据一项户外活动的研究，得出一个结论：到户外呼吸一下新鲜空气，如到公园或者郊外散散步，可以有效提高记忆力，并改善注意力。

研究人员认为，城市的喧嚣和娱乐虽然能使人们感到刺激，但是会降低人们的记忆力和注意力，而大自然能够使人们心情放松和平静。该研究项目负责人告诉人们："和自然界互动，能产生类似闭目养神的效果。"

的确，大自然中空气新鲜，含氧量高，可以促进人体的新陈代谢，而且有助于提高大脑的兴奋度。如果父母能够经常带孩子走进大自然，与大自然亲密接触，多散步、爬山、踏青和游玩，那么孩子的身体和心灵都会得到锻炼和净化，这对孩子专注力的提高有很大的帮助。

美国著名教育家卡尔·威特就非常推崇这种带孩子亲近大自然

的做法，他自己也经常带着儿子小卡尔走出家门，投进大自然的怀抱，让孩子在自然界中尽情徜徉。他曾经讲述自己带孩子徜徉大自然的经历。

每个节假日，我都会抽出时间陪着小卡尔去田野里转转。每次走在田间小路上，小卡尔都会十分兴奋，活蹦乱跳。他对大自然的好奇心溢于言表。每当这时，他的小脑瓜里就会冒出一个又一个问题。有时候，他会站在一朵花前面大声喊："爸爸，您快来看啊，这朵花，我还是第一次见呢！"

我知道，这是孩子强烈的好奇心在起作用。于是，我会蹲下来和他一起欣赏这朵花，并探讨关于这朵花的一切。比如，我会给他讲解关于花蕊、花萼和花粉等方面的知识。每次，他都听得很认真，对于一些问题，他还会认真地研究一番呢。

就在这鸟语花香、生机盎然的大自然中，闻着清新淡雅的花香，小卡尔了解到了有关生物学的知识。在我们看来，这种获取知识的方式比课堂上老师枯燥地照本宣科有趣多了。

有时，我们在溪水边看到一些漂亮的石头，我会帮助小卡尔将其中的一块砸碎，将矿物学这门让许多人头大的科目变得简单有趣。

正是通过和大自然的亲密接触，小卡尔增长了见识，获得了知识，对大自然无比热爱，并开始对自然科学产生浓厚的兴趣。更重要的是，他学习和做事比以往更加专注，更有耐心。在我看来，这是足以欣慰的事了。

卡尔·威特通过大自然这个现成的“老师”，让孩子学到了很多有趣的知识，而且提高了孩子的专注力，可谓益处多多。

可是，看看我们周围，很多孩子不是奔波于各种补习班、兴趣班，就是坐在家里看电视、玩电脑、玩手机，很少有接触大自然的机会。即使偶尔到了户外，孩子也常常因为大人的种种束缚而无法尽情地亲近大自然。这样，孩子的好奇心和探索欲就受到了抑制，他们的独立能力和创造能力也就无从发挥。长期如此，孩子的注意力也就随着越来越懒惰的头脑而下降了。

为了避免这种情况继续在孩子身上上演，父母一定要多带孩子到户外活动。在美好的大自然中，孩子一定会找回失去的快乐，他的头脑会越发清醒，思考力和专注力也会随之提升。

1. 清晨带孩子去户外锻炼身体

俗话说：“一日之计在于晨。”早晨是一天中最美好的时光，家长不要让孩子将这样的时光浪费在被窝里，最好带孩子去户外活动活动。这是因为，经过一整晚的睡眠，孩子的大脑已经得到了充分的休息，早上带他去户外活动，不仅能唤醒孩子的大脑，使它尽快进入工作状态，而且能提高孩子的身体素质，有益于他的身体健康。

2. 假期带孩子去游玩

周末的时候，家长不妨带着孩子去郊外进行野炊、采摘、挖野菜、放生等活动；节假日，父母可以带孩子去畅游名山大川、饱览各地的美景，感受不同的风土人情。这些活动不仅有益于孩子的身心健康，而且能够使孩子思维清晰，就连感受能力也能得到增强。

在游玩的时候，家长可以引导孩子去观察大自然中的动植物，当孩子对某些动植物充满好奇心以后，他就会非常专心地去观察它们的变化，注意它们的动态，而他的这些自觉的行为，则是对提高自身专注力的最好训练。

3. 和孩子一起爱护大自然

美丽的大自然能够带给人们许多美好的感受。家长应该引导孩子爱护大自然，不要随意破坏大自然，保留大自然的美，让人们共同欣赏。除了不要随意践踏草坪、采摘花朵，不要随手乱扔垃圾等以外，还要做一些植树、放生、救护小动物等活动，以实际行动保护大自然。这种爱惜和维护大自然的过程，对孩子来说，其实也是一种有益的锻炼过程，有助于提高孩子的专注力。

比如，当孩子与我们一起植树的时候，他就会认真地挖土、浇水等，这不仅增加了孩子的责任感，而且锻炼了他的专注力。

制定作息时间表，让孩子生活有规律

有人说：“有规律的生活是健康与长寿的秘诀。”事实上，世间万事万物都是遵循一定的规律运行的，人们的生活同样如此。如果人们随意打破生活的规律，就很可能会受到来自生活和身体方面的惩罚，如做事不顺、头脑不清晰、疾病缠身等。

孩子也不例外，如果他能按照一定的生活作息规律来学习和生活，那么，他不仅可以拥有健康的体魄，而且可以提高做事的专注能力。比如，到吃饭时间时好好吃饭，到晚上该睡觉的时间按时睡觉；按时写作业、读书；按时娱乐玩耍；按时运动；等等。

可是，大多数孩子对时间概念比较模糊，他们认为时间是一个抽象的概念，根本体会不到时间的重要性，更不会像成人那样有紧迫感。再加上孩子的自控力比较差，随意性比较强，所以他们不可能像成人那样有作息规律。

在生活中，我们常常看到这样一种现象：有的孩子一边写作业一边“开小差”，作业总是不能按时完成；有的孩子一边吃饭一边看电视，这导致他吃饭的时间比所有人吃饭的时间都长；更有甚者，有的孩子连按时睡觉这么简单的事都做不到，总是和父母讨价还价，希望能多争取哪怕一秒的时间玩耍、娱乐，直到困得睁不开眼才上床睡觉……

对于这些生活不规律的表现，家长如果重视不够，或者不加理会，任其继续下去，则不仅孩子的生活品质会下降，身体会受损，而且他的注意力容易分散，学习自然也会受到影响。

辰辰马上就要小升初了，为了让他更好地学习，妈妈给他制定了一个作息时间表。

早上：6点起床。

中午：放学回家后，吃完饭不再午睡，而是做一个小时的功课。

下午：放学回家，先写作业，然后可以看一会儿动画片，吃完晚饭后继续温习功课，10点上床睡觉。

妈妈自信地认为这个时间表能够对辰辰的学习有很大的帮助。谁知才施行了没几天，她就发现，辰辰做功课越来越慢，有时候还一边做功课一边打瞌睡，根本不能集中注意力。

妈妈意识到，这肯定是作息时间安排不当引起的，于是在原有的作息时间表上做了改动，她恢复了辰辰的午睡时间，减少了看动画片的时间，并将温习功课的时间提前，让辰辰在9点半之前上床睡觉。

一段时间后，妈妈的这番作息时间调整就有了成效，辰辰看起来比以前更有精神，而且学习更专心了。

由此可见，家长一定要合理安排孩子的作息时间，只有这样才能保证孩子有足够的精力进行学习和生活，才能使孩子有较高的学习效率。更重要的是，这么做还能让孩子养成良好的生活习惯，这对孩子是十分有利的。

1. 让孩子参与制作作息时间表

制定作息时间表，按照固定的时间做事，是坚持规律生活的好方法。家长不妨给孩子制定一个作息时间表，让孩子养成在一定时间内做固定事的习惯，从而培养孩子专注做事的能力。

在制作作息时间表的时候，家长要充分考虑孩子的个性特点和生活习惯，最好让孩子参与进来，和孩子一起来制作完成。这样，孩子才会主动按照时间表执行。

另外，比起直白的语言，孩子更喜欢生动形象的图画表达方式。制定作息时间表时，家长可以将孩子各个时间点要做的事情以图画的方式表现出来。

比如，在表示7：00的闹钟旁边画上毛巾或者牙刷，表示早上7点要起床洗脸；在表示17：00的闹钟旁边画上电视，表示可以看动画片了；在表示18：00的闹钟旁边画上一盘菜，表示这是吃饭时间；在表示19：00的闹钟旁边画上书本，表示做作业的时间到了；在表示20：30的闹钟旁边画上浴缸，表示该洗澡了；在表示21：30

的闹钟旁边画一张床，表示该上床睡觉了。如果孩子喜欢唱歌、画画等娱乐活动，则家长也可以在作息时间表中安排一定的时间进行这些方面的活动。

2. 家长要为孩子做榜样

要想孩子作息规律，家长自己首先要养成良好的、有规律的生活习惯，为孩子做榜样。比如，作息时间表上写明晚上9点上床睡觉，如果家长因为一些事情不能睡觉，孩子也会受到影响，无法在9点上床睡觉。再如，规定孩子早上6点起床，家长也不能赖床，否则孩子也可能无法遵守作息时间表上的规定。

家长要尝试和孩子一起过有规律的生活，平时互相监督。无论是谁，如果没有遵守共同约定的作息制度，就都要受到一定的惩罚，比如，禁止一周之内看自己喜欢的电视节目，吃不喜欢但是非常有营养的食物，做一定数量的俯卧撑或者仰卧起坐（对于孩子的惩罚，要根据他的体能来定量）等。

亲子小游戏　触觉游戏：百宝箱

•准备工作

一个纸箱、一卷胶带、一把剪刀、若干个不同材质和形状的玩具、一块布条。

•游戏过程

（1）把准备好的不同材质和形状的玩具放入纸箱，用胶带将纸箱密封起来。

（2）在箱子上开一个口，大小以能容孩子一只手进出为宜。

（3）用布条蒙上孩子的眼睛，让孩子将手伸进纸箱中，家长报出一种玩具的名字，让孩子把这个玩具从纸箱中拿出来。

（4）验证正确与否，然后开始新一轮游戏。

• 游戏延展

对孩子来说，通过触觉，他能够辨识冷热、软硬，了解不同材质的物品之间的区别，而且孩子能通过疼痛的感觉来分辨环境的安危，进行自我保护等。

另外，触觉刺激系统的发展还会对孩子情绪的稳定性产生重要的影响。比如，那些对触觉不灵敏的孩子往往对外界的刺激不够敏感，可能难以适应环境。通常表现为：不喜欢接触新的事物，回避他人的触摸，人际关系淡漠，眼神飘忽、反应迟钝、注意力难以集中，学习积极性偏低等。

因此，家长应该关注孩子触觉系统的发展，经常对其进行有目的的触觉培养。

在上述游戏中，孩子应完全依赖于手指的触感，并结合平时记忆中的经验来做出判断。这不仅锻炼了孩子注意力的强度，而且锻炼了他的感觉能力。

需要注意的是，孩子的触觉发展，除了器官自身结构的逐渐完善和功能的逐渐成熟以外，还离不开客观环境的刺激和影响。为此，家长应尽量为孩子提供和创造有利于其触觉发展的机会。这样的机会有很多，比如，让孩子玩泥巴、堆沙子、走石子路，用粗糙但不伤皮肤的东西轻轻摩擦孩子的肌肤等。家长切不可因过度保护而使孩子丧失锻炼的机会。

第四章

浓厚的兴趣，是孩子专注力的指明灯

专注源于兴趣。孩子能够专注去做的事，一定是他感兴趣的事，如看动画片、玩游戏等。同样，孩子不能专注去做的事情，很可能是他不感兴趣的事。比如，不能专注弹钢琴，可能是对学钢琴兴趣不足。所以，能让孩子专注地投入学习的方法，是发现并培养孩子在某方面的兴趣，交给他自主选择的权利，让他学自己感兴趣的东西。

兴趣：孩子专注学习的原动力

孔子有一句名言：“知之者不如好之者，好之者不如乐之者。”意思是说，对学习来说，了解怎么学习的人，不如爱好学习的人，爱好学习的人不如以学习为乐的人。因此，要想让孩子学习一项知识或者技能，首先要让他感兴趣，让他乐意学。

著名科学家爱因斯坦有一句名言：“兴趣是最好的老师。”一个人一旦对某件事物产生了浓厚的兴趣，他就会主动去求知、去探索、去实践，并在这一过程中体验到愉快的情绪。众所周知，哈佛的学子学习都非常刻苦，往往凌晨教室里还灯火通明，虽然如此，但是他们并不觉得苦，他们常常乐在其中，造成这一现象的原因主要是他们对自己所研究的领域有着浓厚的兴趣。

当孩子投入自己感兴趣的事物上时，他们会充满热情，而热情往往会将孩子的专注力持续燃起。除了计算机、电视、手机、iPad（平板电脑）等声光刺激之外，想象一下孩子还对哪些方面感兴趣，试着让孩子从感兴趣的事物上觉察出自己的专注力吧！

研究发现，当孩子做自己喜欢的事情的时候，脑中所分泌的多巴胺会给他带来快乐的好心情。而心情好是维持孩子专注力的一剂良药。如果学习能带给孩子快乐，那么孩子一定会爱上学习。

一般来说，孩子年龄越小，他的学习兴趣越是以直接兴趣为主。比如，有的孩子喜欢画画，这极有可能是因为他喜欢用彩笔在纸上涂抹，看着彩色的线条在纸上延伸、扩展，他的思绪、想象力也跟着肆意遨游、旋转；也可能是因为老师经常表扬他，虽然他可能画得并不好。不管出于什么原因，兴趣都可以让孩子的智力得到开发，知识变得更丰富，眼界日益开阔，还能让孩子更适应环境，对生活充满热情。

美国实用主义哲学家、教育家杜威认为兴趣是人们学习的原动力，他说："除非一个对象或一个观念里面有了兴趣，否则便没有鼓励人去做的原动力。"许多人之所以能取得伟大的成就，就是因为他们对自己所做的事情具有浓厚的兴趣。

著名科学家达尔文曾在自传中写道："就我在学校时期的性格来说，其中对我后来发生影响的，就是我有强烈而多样的兴趣，沉溺于自己感兴趣的东西，深入了解任何复杂的问题和事物。"

的确，只有感兴趣，人们才沉浸其中，具有高度的专注力。因此，家长要想培养孩子的专注力，最好先培养孩子的兴趣。那么，家长应该怎么培养孩子的兴趣呢？

1. 尊重孩子的兴趣爱好

很多时候，孩子的兴趣爱好和父母的意愿不一致。尽管这样，父母对孩子的兴趣还是要尊重、理解、支持和鼓励，说不定孩子真能将自己的兴趣爱好发展成一种专业技能，从而做出一番成就呢。

关于这一点，小凯的妈妈就做得很好。

小凯的妈妈是一名大学英语教师，爸爸是一位外语教授。周边的人都认为小凯一定也会朝外语的方向发展。可是令人想不到的是，他们从来不强迫孩子学习外语。

有一次，几个邻居在一起闲聊，当说到孩子将来做什么的时候，小凯正好路过，他随口说道："我长大了要当一名园林工人！"旁边的家长都惊得合不拢嘴，他们怎么也没想到教授家的孩子居然只想当一名园林工人。

小凯的妈妈很淡定，她鼓励小凯说："妈妈相信你，将来你一定能成为一名出色的园林工人！"

听小凯的妈妈这样说，邻居们更困惑了，他们想不通为什么要支持孩子这样的梦想。但是小凯的妈妈认为，这是孩子自己的爱好，家长没有理由不支持。再说，孩子一定是观察到了园林工人将环境改造得更漂亮的过程，所以才会产生"想当一名园林工人"的想法。

2. 主动去发现并培养孩子的兴趣爱好

孩子通常对自己的兴趣爱好没有一个明确的认知，他们只是本能地做着自己喜欢的事情，这就导致他们的兴趣爱好很容易被忽视，等发现时已经为时已晚。

只要家长平时注意观察，就一定能发现让孩子感兴趣的事物。比如，有的孩子想象力丰富，富于创造性，喜欢动手制作各种各样的东西，如各种模型，在制作的过程中，他会聚精会神，表现出浓厚的兴趣；有的孩子喜欢画画，每当他描绘出一幅图画，都十分兴奋，为自己取得的成果感到骄傲和自豪；有的孩子热衷于集邮，他认为收集邮票既能丰富知识，又能陶冶情操，邮票既有收藏价值，又有欣赏价值，他收藏得越多越丰富，就越投入，越投入，就越有兴趣……

因此，在平时的生活中，家长应多观察孩子的言谈举止，主动去发现孩子的喜好和擅长的东西，及时确定孩子的兴趣爱好，并对孩子的这些兴趣爱好进行专业的培养，以免因为自己的不重视而耽误了孩子的大好前程。

3. 多肯定，多支持

对于孩子的兴趣爱好，家长要做的不仅仅是主动发现，并予以尊重，还需要在此基础上进行肯定和支持。对孩子来说，他们做出成绩的动力在很大程度上来自于家长的肯定。

因此，家长对孩子的兴趣爱好加以肯定，并给予他们足够的支持，无疑会成为孩子努力的巨大动力，可以让孩子更加专心地投入自己的兴趣爱好当中。

因材施教，培养适合孩子的兴趣

大家都知道，“兴趣是最好的老师”，我们有责任、有义务帮助孩子选择自己的兴趣。针对兴趣“缺乏动机、容易转移”的特点，家长可以引导孩子，培养出对某种事情的兴趣。

一般来说，孩子的兴趣的指向性在很大程度上会受到先天素质的影响。比如，有的孩子喜欢上语言课，有的却对算术感兴趣。当然，后天培养、教育同样会对孩子的兴趣产生影响。比如，学校的老师可以通过生动活泼的教学方法吸引孩子的兴趣，家长可以用新颖的玩具把孩子的兴趣吸引到作业中来。

此外，有人通过观察发现，孩子身边的成人的学习态度对孩子的兴趣也会产生很大的影响。比如，父母爱学习，常常给孩子灌输学习重要性的观念，并时不时给孩子购买一些有益的书籍等，孩子就会对学习产生足够的热情，对各门功课都表现出很大的兴趣。

曾获得过诺贝尔生理学或医学奖的奥托·海因里希·瓦尔堡，是德国著名的生理学家。他的父亲是一位著名的实验物理学家。在对瓦尔堡进行教育的过程中，父亲从来不会对他说“你一定要努力学习，长大以后成为一名科学家”，更不会规定儿子做这个，不允许儿子做那个，他只是给瓦尔堡讲一些科学家是怎么发奋学习的故事。

平时，经常有一些知名的教授学者造访瓦尔堡的家，与他的父亲探讨一些科学问题，父亲总是很自然地让小瓦尔堡在一旁听他们交谈。客人离开以后，父亲就会凑到小瓦尔堡身边和他展开讨论。

每次，父亲都会十分认真地询问小瓦尔堡对之前的讨论有什么感受和体会，并不时地给予儿子表扬和赞赏。

不知从什么时候起，小瓦尔堡喜欢上了科学，喜欢上了学习。在中学的时候，他的成绩一直名列前茅，这为他后来成为生理学家奠定了坚实的基础。

瓦尔堡的父亲善于抓住一切机会以涓涓细流的方式向儿子逐渐“渗透”，如润物细无声的春雨一般，不留痕迹地对儿子进行科学的启蒙教育。他从来不管束儿子，而是默默地激发儿子的兴趣。这是因为，他知道，兴趣是最好的老师，也只有它，才能让儿子在科学的道路上不畏艰难，披荆斩棘，孜孜不倦地上下求索。

那么，家长应该怎样培养孩子的兴趣，从而提高孩子的专注力呢？

1. 因材施教，引导兴趣

孩子的喜好具有可塑性强、坚持力弱的特点，所以常常表现为见到什么喜欢什么，但是可能过三分钟、两三天就不喜欢了。这时，家长就要具体分析孩子是会长期喜欢还是一时喜欢，是疲劳想休息一会儿，还是真的兴趣全无、想改辙换道。

众所周知，孩子兴趣的发展和表现，往往是其天赋和素质的先兆。每一个孩子都是一个独特的个体，有着不同的兴趣。而且在不同的年龄阶段，孩子的兴趣会有所不同。

因此，在培养孩子的兴趣爱好的时候，家长不能简单地照抄照搬，随波逐流，而应该根据孩子自身的特点引导孩子的兴趣，因材施教，这样才能起到事半功倍的效果。

家长怎么才能做到因材施教呢？

（1）发现并尊重孩子的兴趣。

了解孩子对什么感兴趣，愿意投入精力去做，并且乐在其中。对于暂时不能理解和接受的兴趣，家长要学会尊重和欣赏孩子的意愿，这样才能因势利导，将孩子的兴趣发展为一种能够专注做事的能力。

（2）注重激发孩子兴趣的方法。

要想开发孩子的多种潜能，对于孩子兴趣的培养就不能采取千篇一律的方法。家长首先应做到的就是满足孩子的兴趣爱好。即使这些“兴趣爱好”看起来是那么的不务正业，家长也不要一味地打压阻止，否则很可能会抹杀孩子自行探索和前进的可能性。

比如，如果孩子对捉虫子感兴趣，那么家长不妨趁天气好的时候，为他准备一个带有透气孔的玻璃瓶，和孩子一起去野外捉各种各样的昆虫，并趁机给孩子讲述有关昆虫的知识；回家之后，家长可以让孩子观察昆虫的外观差异、进食习惯，并总结一天的收获；有可能的话，给孩子提供一些关于昆虫知识的图文并茂的书籍。就这样顺从孩子的心性，说不定能造就一位未来的昆虫学家呢。

2. 抓住培养兴趣的关键时机

要想培养孩子的兴趣，还有一个“时机”的问题，也可以说是“先入为主”。从哲学的观点来说，一个人总会对某些事物产生兴趣，这是一个必然的规律，但是对哪些事物感兴趣，则具有很大的偶然性。也就是说，孩子会对很多事情感兴趣，这是必然的，但是对哪件事情感兴趣，则是偶然的，因为他可能对读书感兴趣，还可能对踢球、跳舞、画画等其他活动感兴趣。

虽然孩子的兴趣有一定的偶然性，但并不意味着家长只能听之任之，任由其随意发展，不能对其加以控制。相反，家长应该有意识地促使事情朝着预想的方向发展。照此看来，要想引导孩子对书产生兴趣，家长就要在孩子很小的时候，让孩子多接触书，从而慢慢地对书产生兴趣。这不失为培养孩子热爱读书的好方法。

有一句俗语叫作“机不可失，时不再来”，培养孩子的兴趣，往往有一个最佳时机。家长应该有意识地抢占先机，这样才能占有主动权。

认真对待孩子的每一个“为什么”

自从孩子来到这个世界的那一刻起，他就对这个世界充满了热情，充满了好奇，总是用一双探寻的眼睛打量着周围的一切，对那些成人习以为常的东西表现出极大的兴趣。在孩子眼中，周围的世界是那么奇妙，他们的小脑瓜里随时会蹦出无数个“为什么”。

比如，树为什么会分叉、长叶子？花朵为什么会有不同的颜色？小草为什么是绿色的？小鸟为什么能在天上飞？天空为什么常常是蓝色的，还有朵朵白云？太阳为什么会从东方升起、西边落下？晚上为什么会出现月亮和星星？……

他们对每一个“不可思议”的事物都有着强烈的好奇心，并急于想要将它们弄明白，这就是求知欲。其实，这个时候是培养孩子专注力和学习兴趣的大好时机。孩子提出疑问，表明他们对某些事物感到好奇并予以关注，同时说明他们对这些事物有学习的兴趣。保持这份好奇心，孩子在主动探寻的过程中就会保持较高的专注力，也能一直坚持自己的兴趣，最终有所收获。相反，如果没有好奇心的驱使，孩子的求知欲就很难顺理成章地培养起来。

此外，好奇心是儿童的天性，往往蕴藏着无法预测的巨大的潜能。同时，好奇心是孩子探索新知和敢于创新的动力，是获取知识财富的关键。可以说，好奇心直接决定着孩子未来的发展。因此，保护孩子的好奇心，就是保护孩子一生的幸福。

伟大的发明家爱迪生小时候有着强烈的好奇心，他常常喜欢问“为什么”，喜欢对一个问题刨根问底。

在一次算术课上，老师正在讲一位数的加法，告诉同学们：“2加2等于4。”话刚说完，爱迪生突然站起来发问：“老师，2加2为什么等于4？”老师顿时被这个问题问住了，窘迫不堪。

不仅老师，就连爱迪生的父亲也常常被问得无言以对。他经常无奈地拍拍儿子的小脑袋说：“去，问你妈妈去，只有妈妈能回答你那些稀奇古怪的问题。”

也因此，爱迪生总是在妈妈身边转来转去，不停地问这问那。

有一天，妈妈正在厨房忙碌，爱迪生跑了进来，惊奇地问道：“妈妈，咱们家那只老母鸡很奇怪，它把鸡蛋放在屁股底下坐着，这是为什么呀？”妈妈笑了笑，放下手上的活儿，认真地告诉爱迪生：“鸡妈妈那是在孵小鸡宝宝呢！它把那些鸡蛋暖热后，就有小鸡从鸡蛋壳中爬出来。你看咱家那些毛茸茸的小鸡，它们都是鸡妈妈这样暖出来的。”

爱迪生听了，感觉太神奇了。他又认真思考了一会儿，一本正经地问道：“难道把蛋放在屁股底下暖热就有小鸡从鸡蛋里钻出来吗？”“对啊，是这样的！”妈妈微笑着点点头，对自己的解答似乎十分满意。

后来，当做好饭时，妈妈却发现小爱迪生不见了，怎么都找不到。妈妈十分焦急，她大声叫儿子的名字，这时从库房传来了应答声。妈妈觉得很奇怪：孩子怎么会在库房呢？她走近一看，原来爱迪生在那里做了一个“窝”，里面放了好多鸡蛋，他正蹲在鸡蛋上面学母鸡暖小鸡呢！

不管爱迪生提出的问题多么稀奇古怪，爱迪生的妈妈总是不厌其烦地、认真地回答他的每一个问题。这种做法对孩子想象力、思维能力的培养极为有利，而且不会泯灭孩子强烈的好奇心和求知欲，还能帮助孩子从小养成勤于思考、勇于探索的好习惯。爱迪生无数的发明成果既是好奇心帮助他成功的有力佐证，也是对妈妈对他的好奇心从小进行保护的最好回报。

然而，很多家长由于工作疲乏或者家务繁忙，对孩子所提的问题总是显得不耐烦，他们或者打断孩子的提问，或者三言两语，敷衍了事。这种做法很容易挫伤孩子求知的热情和积极性，阻碍孩子智慧萌芽的生长。家长要做的是充分利用孩子的好奇心，激发孩子学习的兴趣，并提升孩子做事的专注力。

1. 及时“回应”孩子的提问

孩子常常因为好奇提出各种各样的问题，对于这些问题，家长应该认真对待。即使有的问题让人无语甚至抓狂，家长也要耐心地立即回应。“回应”并不是让家长立即告诉孩子问题的标准答案，而是要对孩子的提问有一个快速的反应，让他知道家长在认真听他说话。

接下来，我们可以引导孩子自己去探寻问题的答案，让他学会自己主动思考、研究问题，以此激发孩子的学习兴趣，并让他通过自主学习提高其专注力。

2. 鼓励孩子细心观察，大胆提问

在日常生活中，孩子常常会被许多新奇的事物吸引，并产生浓厚的兴趣。家长可以利用这一点，鼓励孩子细心观察周围的一切事物，从一些小事、小细节中有所发现，有所启发，养成对事物进行深层次的思考的习惯，并鼓励孩子发现问题、大胆提问。

我国著名教育家陶行知曾说“孩子是再大不过的发明家”。虽然孩子有时候提出的问题，让家长答不出来，尴尬至极，但是家长可以这样回应孩子：“这些问题我也不会，不过，我们可以一起去寻找答案。”

3. 积极配合，培养孩子的求知欲

当孩子发现一个现象或者提出一个问题的时候，家长不应该表现得过于冷漠，而要表现得和他一样兴奋，让孩子感受到家长的热情和关注。这样，孩子才会更加积极地去观察周围的世界。

此外，当孩子因求知欲而有所发现、有所收获的时候，家长应该及时对他进行表扬，满足他的成就感，使他受到鼓舞。

不要以爱的名义扼杀孩子的兴趣

在养育孩子的过程中，许多家长都存在非常严重的“功利”心理，为了让孩子有一个好前途，为了让孩子赢在起跑线上，不惜花费大量的财力和精力，给孩子报各种各样的学习班、兴趣班，强迫孩子去学习一些知识和技能，哪怕孩子一点兴趣也没有。比如，有的孩子不喜欢跳舞，家长偏要给孩子报一个舞蹈班，说可以提升孩子的气质；有的孩子不喜欢练体操，家长却硬逼着孩子学习体操，梦想着有一天孩子能成为体操冠军；有的孩子不喜欢弹钢琴，家长却认为弹钢琴有助于陶冶情操，弹得好了将来孩子还能在一些场合露一手，自己脸上也有光彩。

类似的情况不胜枚举。然而，这些都是父母单方的想法或者希望，并不是孩子真正喜欢的并想要去学习的。孩子虽然迫于无奈顺从了家长，逼着自己去学，但是往往无法坚持到底，在学习的过程中心不在焉，容易倦怠，学习效果也就可想而知了。

昊昊是一个身体壮实的小男孩，在上幼儿园大班的时候，班里开设了武术课，他一下子就喜欢上了这门课程。每次上武术课，昊昊都聚精会神地练习。武术老师也认为昊昊是一个好苗子，想要建议昊昊的父母让孩子朝这方面发展。

可是，每当昊昊兴高采烈地和父母一起讨论练武术的事的时候，爸爸妈妈总是对此不屑一顾，甚至强烈反对孩子去学武术，他们认为练武术是“粗活”，孩子从小娇生惯养，吃不了那种苦。

为了帮儿子打消练武术的念头，爸爸妈妈给孩子报了绘画班和大提琴训练班。可是，昊昊对绘画和大提琴一点都没兴趣，每次上课都是硬着头皮去，总是还没上课就盼望着赶紧下课。可想而知，昊昊在上这两个兴趣班的时候有多么无奈。试想，这样的状态，他怎么会全身心投入地去学呢？

然而，妈妈却对昊昊说：“这两样你必须要学。你学这个比练武术强多了。你看邻居家的文文，小提琴拉得多好，他在市里还得过奖呢，据说在中考的时候还能加分。再说，绘画和拉大提琴都是高雅的艺术，现在辛苦学，将来你肯定能尝到甜头的。”

于是，在妈妈的不断逼迫下，昊昊不得不坚持学习绘画和大提琴，可是他一点也不开心。事实上，因为上这两个兴趣班，昊昊在幼儿园里都提不起精神，学习不能聚精会神，做事情总是心不在焉的。

在上述案例中，昊昊的爸爸妈妈对孩子的兴趣横加干涉，逼着孩子学习他不感兴趣的事情，最终导致昊昊注意力难以集中，心情也不愉快。

类似这样的家长在生活中大有人在，他们打着“为孩子好”的旗号，认为自己是孩子的掌舵人，要为孩子的人生掌好舵，把握好方向。因此，他们会限制孩子学习那些自认为“不该学”的东西，而强迫孩子学习自己认为“好”的东西。

殊不知，这样的做法只会让孩子变得不开心，学习的效果也很差。与其这样，不如尊重孩子的兴趣爱好，让他做自己喜欢的事情，这样孩子会比平时更加投入、专心，同时也更快乐。

1. 对孩子的探索行为不加干涉

对孩子的探索行为，许多父母横加干涉，这是不明智的做法。

比如，绝大多数孩子都喜欢玩水、玩泥巴，但是有的父母认为那些东西不卫生，有细菌，还会弄脏衣服，于是就严禁孩子玩这些东西。这些父母不知道的是，孩子之所以对水和泥沙具有浓厚的兴趣，往往是因为这些东西能在孩子的手中千变万化。拿水来说吧，它可以是一点一滴的，也可以变成一束水柱；既可以化为冰，也可以化成雾。而泥沙也可以变化出多种形状，可以堆成小山，也可挖洞；干的泥沙可以挥洒，湿的泥沙可以揉成一团。

水和泥沙的各种各样的变化，满足了孩子的好奇心和求知欲。事实上，通过玩沙子、玩水，孩子获得了感性经验和相关的知识，并且体验到了探索的乐趣。

再如，大多数孩子都喜欢“不走寻常路”，总是对那些高低不平、坑坑洼洼的地方感兴趣。其实，原因在于那些变化的路面走起来会给人带来不同的感觉，孩子就是想要尝试这些不同的感觉，而那些平坦的路面则会让他们感觉枯燥乏味。

由此可见，好多时候，看似孩子在玩耍，实际上他正在探索事物，他玩耍的过程其实就是探索事物的过程。孩子只有进行充分的、自由的活动，他的探索精神才能得以发挥出来。

2. 允许孩子拆拆装装

在好奇心的驱使下，孩子总是想要通过亲手触摸、拆装东西来满足自己的好奇心和探索欲。其实，在这种拆拆装装的过程中，孩子的专注力能得到很大的提高。

真正有智慧的家长，常常会花一些心思去培养孩子好问、好动的天性。既然孩子对拆装东西感兴趣，那么就允许并支持孩子的这一行为。因为物品的损失毕竟有限，倘若毁掉了孩子的兴趣，那就得不偿失，对孩子的损害无法估量。

3. 不要让兴趣班扼杀了孩子的兴趣

现在学校、社会上开设了许多兴趣班，孩子在兴趣班里，能够更专业、更系统地学习到更多自己感兴趣的东西。

然而，很多家长为了让孩子掌握更多的技能和才艺，实现全面发展，给孩子报了好几个兴趣班，这就使得孩子的业余时间几乎全部被这些兴趣班占满，几乎没有玩耍、娱乐的时间。而且家长所报的这些兴趣班并不全是孩子真正感兴趣的，大部分是家长认为应该学的，孩子只是被逼迫着去学。

这样，虽然表面上孩子在坚持学习某种技艺，实际上他是硬着头皮不得不学，结果在学习的过程中很容易因为缺乏兴趣而导致注意力难以集中，无法全身心投入其中。这就导致学习效果不够理想，孩子只是学到一些皮毛，难以做到精通。

其实，如果想在兴趣班上不白费功夫，家长可以在报班之前先征求孩子的看法，根据其真正的喜好来决定是报还是不报。只有这样，孩子才能在自己感兴趣的兴趣班专心地学习，学得更深入、更透彻，也能更有收获。

家长需要注意的是，不要给孩子报太多兴趣班，否则孩子没有可供自己支配的时间，他就会感觉备受束缚，进而采取消极应付的态度，或者以反抗来对待。如果这样，兴趣班就成了扼杀孩子兴趣的“帮凶”。

和孩子一起做他感兴趣的事情

家长的支持是孩子前进的最大动力，如果家长关注孩子的兴趣并和孩子一起做他喜欢做的事情，那么这就是对孩子最大的认可和支持。如此一来，孩子能够专注于自己正在做的事情，亲子关系也会更加和谐。

生活中，许多父母对孩子的兴趣是持支持态度的，但是他们很少能和孩子一起做他感兴趣的事情。事实上，陪孩子一起做他感兴趣的事，往往能够收到意想不到的效果。

小月从小就对天文感兴趣，尤其喜欢研究星座。她像书本中那个“数星星的孩子”——小张衡一样，经常晚上出去看星星，一看就是很长时间。看小月对星星这么感兴趣，妈妈特地找了一些资料研究了一番，晚上陪着小月一起看星星。

一到晚上，母女俩就坐在一起看星星，她们还一起讨论各个星座都是由哪些行星组成的、它们各是什么形状等话题。

为了能和妈妈讨论更多关于天文的话题，小月非常认真地查阅资料，这样一来，无形中增长了自己的天文学知识。

后来，凭着自己扎实的天文学知识功底，小月考上了国外一所名校，攻读天文学专业。虽然女儿远在海外，妈妈还是不忘经常收集天文学方面的知识材料，给小月传真或者邮寄过去。

相信很多家长在看到孩子晚上出去看星星的第一反应就是斥责孩子："这么晚了，还看什么星星啊？明天还要上学呢，快回去睡觉！"这一句话就将孩子的兴趣扼杀，让孩子失去探索的欲望。

不可否认，案例中小月最后所取得的成绩与妈妈的教育有很大的关系。正是因为妈妈一直陪女儿一起做她感兴趣的事情，让女儿感受到妈妈对她的支持和鼓励，这才使得女儿专注地坚持到最后，从而考上了理想的大学，攻读自己心仪的专业。

有很多家长抱怨自己经常陪孩子一起做事，但是没有取得理想的效果。这很可能是因为家长陪孩子所做的并不是孩子感兴趣的事情，孩子当然无法做出成绩来。还有一些家长说自己没有时间陪孩子做事，事实上，只要我们陪孩子做一些他感兴趣的事情就可以了，并不需要占用太多的时间。只要家长愿意，一定能挤出时间陪孩子。

比如，只要我们下班回家后少看一会儿电视，少玩一会儿手机，就能挤出时间，陪孩子一起画画，一起唱歌，一起学习、探讨，或者一起看场演出、看场比赛……做这些事情都不会花费我们太多时间，而且由于我们的参与，孩子会更加投入，也会更加开心。

那么，家长应该怎么陪孩子一起做他感兴趣的事呢？

1. 善于从生活中捕捉孩子的兴趣点

要做到这一点，其实很简单，只要家长平时多留心观察，就能发现孩子专注的地方，以及收获的点滴快乐，从而找到他的兴趣点。

比如，当孩子聚精会神地画画时，当孩子专注地下棋时，当孩子看着故事书哈哈大笑时……这些日常的生活片段就能告诉我们，孩子喜欢画画、喜欢下棋、喜欢看故事书等。这时，我们就可以和孩子一起做这些事情，让孩子体验到做自己喜欢的事情的乐趣和父母陪伴的快乐，而不是粗暴地排斥孩子的兴趣，让他去写作业或者复习功课。

2. 不要让孩子独自“探险”

每个成长中的孩子都像一个天生的“探险家”，他们对一切未知的事物都充满浓厚的兴趣。对于孩子的探险，出于安全考虑，很多家长都会阻止。其实，这样很容易扼杀孩子求知的天性。如果要想孩子健康成长，家长就要允许和鼓励孩子去探索、去研究，甚至直接参与进来。这样，既可以保证孩子不会偏离既定的方向，又能趁机引导孩子学习。

而且，家长的参与和支持能够让孩子将兴趣自始至终地坚持到底，还有利于构建和谐、亲密的亲子关系。

3. 尽量做到在孩子需要时陪伴他

有时候，当孩子发现好玩的事想和家长一起做，家长总以“忙”“没空”为借口拒绝，久而久之，孩子可能再也不会邀请我们和他一起做他感兴趣的事情，我们距离孩子的世界只会越来越远。

孩子有时候做事不够专注，可能是有点孤单的缘故，当他一个人面对一件事或者很多事情，他难免会陷入个人的世界里胡思乱想。如果有一个人陪在孩子身边，或者一起协作找出解决问题的方法，那么孩子一定会专心致志地做这件事，又怎么会分心呢？因此，当孩子需要家长陪伴时，家长应尽量抽出时间陪在孩子身边。

比如，当孩子看书走神、心不在焉的时候，家长不妨对孩子说：“我们一起来阅读吧！”和孩子一起读书，可以培养孩子的观察力，还可以消除孩子的烦躁情绪，这对专注力的培养大有好处。再如，当孩子玩拼图没有思路，转而去关注其他事物的时候，家长可以对孩子说：“我们一起来拼吧！”这样，共同协作、互相帮助降低了拼图的难度，增加了一起玩耍的乐趣，还能培养孩子的手眼协调能力、观察能力和专注力。

家长需要注意的是，在陪伴的过程中，我们不要将自己的负面情绪发泄到孩子身上，也不要利用这难得的时间教育他，而应珍惜和孩子一起做事、一起玩耍的时间。

引导孩子，激发兴趣动力和专注力

一位名人说过这样的话：“没有兴趣的学习，无异于一种苦役，没有兴趣的地方，就没有智慧和灵感。”学习往往是一件枯燥的事情，它对于活泼好动、好奇心强的孩子来说，简直就是一种苦役。

大家都有这样一个共识：自己在感到枯燥无聊的时候，做什么事都不能集中精力，全力以赴。孩子也一样，当他对学习不感兴趣的时候，自然不能投入进去，也不会取得良好的学习成绩。

不过，如果能让孩子在枯燥的学习中找到让他感兴趣的东西，情况就会大不相同。

尊重孩子的兴趣，培养孩子的兴趣，归根结底还是为了让孩子在此基础上有所发挥，将来能够取得好的成绩。因此，明智的父母常常会想办法将孩子的兴趣和学习联系起来。

如果孩子喜欢动手实践，则父母可以给孩子购买相关的书籍。这样，孩子看得多了，做得多了，就会有更多的体验，也会更有成就感。

如果孩子喜欢做游戏，父母就可以通过游戏的方式来培养孩子学习语文、数学、英语等科目的兴趣。比如，家长可以和孩子一起玩扑克牌，以此训练孩子的口算能力，这样就会慢慢培养孩子对数学的兴趣；也可以通过猜谜语等游戏来教孩子认识、理解字词；还可以和孩子通过玩卡片的方式一起学习英语单词；等等。

这样，家长就可以将孩子的兴趣和学习的知识结合起来，从而激发出孩子学习的兴趣。

具体来讲，要想提高孩子的学习动机，培养孩子的学习兴趣，家长不妨试试下面这些方法。

1. 求知欲激发法

这种方法适用于学习动力不足的孩子。有的孩子在学习时经常出现注意力分散、兴趣转移、易受干扰、心不在焉的现象，这是源于孩子缺乏学习动力，就像电力不足的玩具车，缺乏了动力，自然跑不快。

因此，家长不能只关注专注力本身，还应从外在给孩子补充学习的动力，即激发孩子的求知欲。由于求知欲源于儿童内心的积极要求，激发孩子的求知欲就是要使孩子产生从“要我学”到“我要学”的心理变化。

想要激发孩子学习的积极性，家长可以通过多种方式进行引导、启发。比如，家长给孩子讲一些名人、伟人小时候刻苦学习、奋发向上的故事，通过这些故事，让孩子的心灵受到熏陶和感染，进而自己主动努力学习。

同时，家长还可以帮助孩子明白自己的学习目的，也就是为什么要上学读书。对孩子进行这种学习目的性的教育，家长也可以从多角度出发。比如，对于语文这门学科，家长可以让孩子意识到学习语文是为了掌握语言文字这些重要的交流工具，让自己可以认字、看书，还能进行创作，这些能力的提高可以为孩子学好其他学科打好坚实的基础。其他学科的学习同样如此。只有让孩子意识到学习该学科的重要性，孩子才会努力学好它。

2. 环境激发法

这种方法适用于易受感染的孩子。营造一个良好的学习氛围，对孩子来说非常重要。如果家长在闲暇时，饮一杯清茶，读一本好书，孩子在耳濡目染之下，也会经常看书、学习。家长还要多给孩子买一些通俗的文学名著和激发孩子想象力和创造力的书籍，如童话、语言、科幻小说等。当孩子被书籍包围，身处知识的海洋中时，总会有那么几本书能够激发他读下去的欲望。

同时，家长还要给孩子营造一个安静的学习环境，这样才能使对嘈杂环境敏感的孩子安心地做自己感兴趣的事情。此外，家长还要让孩子多与那些喜欢学习的同学接触，孩子也会逐渐对学习产生兴趣。

3. 快感激发法

这种方法对性格活泼的孩子比较有效。我国著名物理学家杨振宁说过，他不赞成人们说他学习刻苦，因为他在学习时从没感觉到

“苦”。相反，他体验到的是无穷的快乐。对孩子来说，如果学习的过程和结果都能给他带来快乐，那么他有什么理由不对学习产生浓厚的兴趣，从而专心学习呢？

家长要做的就是，在督促孩子学习的时候，要善于发现孩子的优点，通过表扬和激励让孩子体会到学习的成就感和快乐。如果家长总是抱着“恨铁不成钢”的态度，张口闭口就是“你怎么这么笨”“这么简单的题都不会，就知道玩”，长期如此，原本聪慧的孩子也会觉得自己不够聪明，学习总是错漏百出，这种压抑、自卑的情绪只会让孩子滋生对学习的厌恶感。一旦孩子对学习既厌恶又抵触，那么注意力难以集中就会成为一种必然的现象，甚至是一种不良的行为习惯。

因此，家长要让孩子体验到学习的乐趣，而不是枯燥无聊。另外，家长还可以和孩子一起学习，当孩子好不容易解答出一道难题时，家长要及时地和孩子分享成功的喜悦，这会让孩子感受到学习是一件愉快的事情。

除此之外，还有成功激励法、优势引导法和意志强化法，分别通过让孩子体验成就感、优势引导和意志力强化的方式，培养孩子对学习的兴趣，从而增强孩子的专注力。

亲子小游戏 兴趣动力激发游戏：从不喜欢到喜欢

• 准备工作

一张白纸、一支笔。

• 游戏过程

（1）整理孩子喜欢的一切东西，包括玩具、食物、游戏、学科等，并按照孩子喜欢的程度逐一分类，将其记录在一张白纸上，以供参考。

（2）按照“做不喜欢的事”到“做喜欢的事”的顺序，对孩子进行针对性训练。比如，沫沫喜欢语文不喜欢数学，那么家长就要让孩子先做数学作业，再做语文作业，以此作为调节和奖励。

（3）在孩子完成了上述固定的学习或者其他训练内容后，就可以让他做自己喜欢的事情，以示奖励。

• 游戏延展

普利马克原则，又称祖母法则，是美国学者普利马克提出的一个活动法则。这个法则的内容是用孩子喜欢的、发生概率较高的活动强化孩子较少主动进行的、发生概率极低的活动。比如，在让孩子完成某项注意力训练的过程中，当孩子出现焦躁情绪时，训练者可以宣布只要他再专心坚持10分钟，就可以出去玩或者去玩自己喜欢的游戏。

这种方法通常用于帮助孩子建立新行为习惯的初期。为了让孩子体验到新行为所带来的益处，并乐意继续执行和强化这一行为，家长最好在孩子表现出这种行为后立即给予强化物。所谓的强化物，可以是孩子喜欢的东西或事情，或者孩子比较在意的肯定和赞扬等。

有时候，孩子的一些不良习惯和行为问题根深蒂固，运用上述法则并不能立即奏效。这时候，家长可以对孩子进行分阶段训练，由易到难，让孩子一点一点地慢慢做出改变。只要孩子有改变，哪怕是细微的变化，家长也要立即给予强化，循序渐进地引导孩子完成整个行为的改变。

比如，孩子在写作业的时候坐不住，总是东跑西跑。这时，要对他进行“静坐”训练。在训练初始阶段时，只要孩子能够在座位上坚持静坐5分钟，家长就要给予孩子正面强化；然后慢慢延长静坐的时间，继续给予正面强化；最后在孩子能够静坐到完成作业后才给予强化奖励。

第五章

情绪调节，稳定孩子的专注力

情绪对一个人的影响很大。当孩子处于伤心、焦虑、愤怒、自卑等负面情绪中时，他的思绪混乱，他很难做到专注于一件事情。这时，家长要给予孩子积极的心理暗示，鼓励孩子，帮助孩子走出坏情绪的心理阴影。同时，家长不要成为“情绪污染源”，将自己的坏情绪传染给孩子。只有这样，才有助于孩子专注力的提高。

避开“踢猫效应”，让孩子远离情绪污染源

“踢猫效应”

心理学上有一个著名的“踢猫效应”，它来源于一个经典故事。

一家公司的董事长在上班途中因为超速驾驶被警察开了罚单，结果他那天迟到了。憋了一肚子火的董事长将气撒在了销售经理身上，他把销售经理叫到了办公室狠狠地训斥了一番。

挨训的销售经理心里同样窝火，回到办公室后，他对着自己的秘书好一番挑剔。

无辜被牵连的秘书心里更不是滋味，他开始找接线员的碴儿。

接线员受到数落以后，心情很不爽。回到家中，对着自己的儿子大发雷霆。

儿子莫名其妙被训斥后，自然无比恼火，却无处发泄，于是对着家里的猫狠狠地踢了一脚。

猫被踢得尖叫一声，跑出了家门，来到街上。这时，正好一辆卡车开过来。司机看到猫赶紧刹车，没想到却把路边的孩子撞伤了。

“踢猫效应”表明，当一个人情绪不好、心情很糟糕的时候，这种负面情绪会沿着某种等级或者强弱组成的社会关系链条依次传递。由金字塔的塔尖一直扩散到塔底层，这就导致那个没处发泄的最弱小的因素，很可能成为最终的受害者。其实，“踢猫效应”就是一种坏情绪的传染，它从一个人开始，逐级进行传染，从而使周围的人都受到这种坏情绪的“污染”。

对孩子来说，他们的自我建构是伴随着家长对事情所做出的反应来完成的，即家长所说的话和话语背后的态度，孩子都能敏锐地察觉并做出相应的反应。也就是说，家长对事件的态度和对事件所做出的反应会对孩子造成直接的影响。而孩子对那些坏情绪的“抵抗能力”较差，因此遭受情绪污染最为严重，而且极有可能成为最无辜的受害者。

情绪影响孩子的专注力

作为家长，我们很容易成为“情绪污染源”，生活、工作等各方面的压力常常使我们疲于应付。一旦哪个方面、哪个环节出了问题，很可能导致我们处于情绪低落的状态，进而看什么都不顺眼，孩子此时的一言一行、一举一动都可能触碰我们的“雷区”，成为我们情绪爆发的“导火索”。一旦情绪发作起来，孩子就很容易受到牵连。

被坏情绪包围的孩子，内心感到无比委屈，思想也会出现很大的波动，随之而来的表现就是，注意力不集中，无法专注于任何事情。

由此可见，家长的情绪会对孩子的专注力产生极大的影响。因此，家长要尽量克制自己的情绪，努力切断最初的“情绪污染源”，可以告诉孩子“我会克制的”。只要我们能够提升自控力，懂得克制自己的坏情绪，孩子就不会受到坏情绪的传染，这样他才能保持心境平和。

1. 理智控制自己的情绪

当孩子的注意力被家长情绪左右的时候，我们很难想象孩子还能够聚精会神去做其他的事情。一个快乐的孩子背后往往有着乐观、积极的家长，而一个拥有良好专注力的孩子，同样需要远离各种负面情绪的影响。

因此，我们要学会掌控自己的情绪，常言道“掌控情绪，才能掌握未来”，而对家长来说，掌控自己的情绪，就是掌控孩子乃至整个家庭的未来。如果在工作上出了问题，我们就要尽量在工作中将其解决，在进家门的那一刻，尽量将所有的坏情绪丢在门外；如果是家庭生活中出现了问题，则我们也不要胡乱发脾气，因为发脾气于事无补，只会让事情变得更糟，最好的办法就是让自己冷静下来，认真思考接下来怎么做才能更好地解决这个问题。

尤其值得注意的是，家长不能把孩子当作“踢猫效应”中的那只“猫”，无故对孩子发脾气。当自己心情不好时，家长应想办法调整自己的情绪，比如，有人就曾经用“冲马桶”的方式将自己的坏情绪随着废水一起冲到下水道之中，类似的方式值得我们借鉴。如果我们能够更好地克制自己的情绪，孩子自然就不会受到“情绪污染”了。

2. 在各个时间段营造良好的家庭氛围

我们的家庭生活时间可分为吃饭时间、睡觉时间、娱乐时间、工作（学习）时间等。在每个时间段，我们都要控制好自己的情绪，营造美满、温馨的家庭氛围，避免出现“情绪污染”。

比如，有的家长习惯利用吃饭时间对孩子进行说教，或者带着坏情绪吃饭，于是饭桌上经常上演摔筷子和碗、骂孩子等戏码。古人有“饮食不责”的育儿理念，认为在吃饭的时候责备孩子，很可能导致孩子脾胃虚弱。

事实上，家人的坏情绪会影响孩子的食欲，尤其是受到说教的孩子，他的注意力不能集中到吃饭这件事上，而孩子吃不好、吃不饱，又会影响接下来的学习或者其他活动，使其出现无法专注做事的状况。

再如，家长在睡前若对孩子发泄一番情绪，那么孩子带着满腹委屈进入梦乡，他的睡眠质量就会受到影响，这就会造成他第二天注意力无法集中的现象。

总之，不管哪个时间段，家长都要尽力营造和谐的家庭氛围：在吃饭时间，让孩子好好吃饭，不要将坏情绪带上饭桌对孩子不停地说教；在睡觉时间，家长可以和孩子互道“晚安”，这总好过对其莫名其妙地训斥。至于其他时间段，我们也要营造适合那个时间段的气氛，该轻松时适当放松，该严肃时保持严肃。只有当家长赶走了所有的坏情绪时，孩子才能尽情享受和谐、温馨的家庭生活。

3. 提醒孩子在外尽量避开情绪污染

任何人都可能出现坏情绪。在家庭之外的环境，孩子的老师、同学以及邻居，甚至一个普通的路人都可能成为情绪污染源，所以，家长要提醒并教会孩子避让各方的不良情绪，不要受他人的坏情绪波及。

比如，当老师生气的时候，孩子应表现得尽量乖巧一些，做好自己该做的事情，不要去挑战老师的底线；如果同学在发脾气，则孩子最好不要过去招惹他，应让他一个人冷静一下，整理好自己的情绪；若是在路上碰到有人发脾气，则孩子最好绕道而行，以免被殃及；等等。

此外，家长还要提醒孩子不要让自己成为“情绪污染源”。为此，家长可以多教孩子一些为人处世的技巧和方法，教他学会调节自己的不良情绪，使他自己时刻保持愉悦的心情，并能在良好的心境下专注做好每一件事。

积极的心理暗示，激发孩子的良好情绪

心理学家经过调查，得出一个结论：不好的情绪很容易让孩子失去信心。这时，如果没有得到及时、科学的引导，那么孩子很可能会破罐子破摔，越发自卑，觉得自己一无是处，什么都做不好。

相反，良好的情绪不仅能让孩子充满自信，而且能提高他的专注力。科学研究显示，良好的情绪可以提高大脑和整个神经系统的活动，对孩子专注力的提高和健康成长都十分有益。其实这很好理解，当孩子情绪良好的时候，他在课堂上就会变得积极踊跃，大脑的工作效率就会很高，注意力就更容易集中。因此，要想培养孩子的专注力，家长就不能忽略激发孩子的良好情绪。

青青的妈妈为人十分谦逊，她从不爱出风头，不管什么时候都表现得很谦卑。在和朋友、同事谈到自己女儿青青的时候，她总是说一些过谦的话，比如：

“我家青青可不让人省心了，总是……”

“唉，我家青青长大估计不会有多大出息。”

“她压根就不是学钢琴的料，我看白给她花钱请老师了。”

“考试前，我拿了一些题目让孩子做，孩子全都记住了。结果一考试她全都忘了，你说这是什么脑子啊！”

虽说这些话是妈妈闲聊时随口说出的一些自谦的话，但在刚上六年级的青青听来，却是这样的意思：这是妈妈对自己的最终评价，自己真的就像妈妈说的那样差。

渐渐地，妈妈发现青青发生了一些变化：做事越来越不用心，有时甚至随便应付一下，还总是说“我就是不行”之类的话。

意识到问题的严重性，妈妈开始认真反思，最终意识到孩子发生这些变化很可能是自己平时对女儿评价过于消极的缘故。

于是，妈妈开始试着以积极的态度来评价青青。她在青青面前的每一句话、每一个眼神、每一个动作，都尽力给孩子一个正面积极的暗示，以激发青青良好的情绪。当青青取得一点成就，她就及时给予表扬，并经常给青青加油打气。

很快，这些“润物细无声”的评价方式就在青青的学习、生活等方面发挥了明显的作用。慢慢地，那个不专心的青青不见了，取而代之的是一个注意力集中、专心致志地学习和做事的好学生、好孩子。而且，青青也从之前认为自己“不行”的心理阴影中走了出来，她就像一株吸收了阳光雨露的小树苗，浑身充满了奋斗的力量和必胜的信心，始终以饱满的热情对待生活中的一切。

无疑，青青是幸运的，因为她有一个善于发现问题并及时改正的好妈妈。试想，如果青青的妈妈一直以之前的评价方式来评价孩子，那么青青恐怕会一直消沉下去，不能专心学习和做事，甚至成为一个令妈妈头疼的“问题少女”。

这就给家长发出了警告：在教育孩子的过程中，一定不能忽视孩子的情绪问题，要重视对其良好情绪的培养。孩子只有保持积极、乐观、自信的情绪，才能更容易将注意力投入自己的事情当中。

要培养孩子积极的情绪，稳定孩子的专注力，家长可以从以下几方面着手。

1. 爱孩子要理智、有原则

毋庸置疑，每一个家长都是十分爱孩子的，但是这种爱不能变成溺爱，变成没有原则的爱，而是应该建立在理解孩子的基础上的理智的爱。家长应该满足孩子合理的要求，而不是无原则地迁就；否则，孩子难以感受到满足和幸福，甚至会因此而感到压抑和痛苦，做起事来就会畏首畏尾，裹足不前。这样一来，培养孩子的专注力就无从谈起。

需要注意的是，溺爱孩子的做法不可取，一味采取高压政策也是不行的。虽然家长有教育孩子的责任和义务，但是这并不意味着他们拥有绝对的、至高无上的、控制孩子的权利。家长应该在家庭内部实行民主的做法，给孩子做选择的权利，这样孩子才能感受到真正意义上的自由和快乐。

2. 善于发现孩子某方面的潜能

要想给孩子积极的心理暗示，家长首先要发现孩子某方面的潜能，鼓励他将这种潜能发挥出来。因此，家长要看到孩子表现好的一面，不管是学习，还是其他方面。

比如，有的孩子比较懂礼貌，家长就可以告诉别人：“他很注意这方面，礼仪、礼貌问题基本不用我们操心。”孩子听到这话，就会明白懂礼貌是一个值得继续保持的好习惯。再如，有的孩子喜欢帮着妈妈做家务，家长就可以当着孩子的面夸一夸他：“他很小就喜欢帮助我做事，而且做得像模像样，大部分做事技巧都是他自己学的，他的学习能力超强。”这样的暗示会鼓励孩子更留心帮家长做事，也会让孩子更加认真地学习各种生活技能。

总之，孩子的潜能是无限的，只要家长善于挖掘，给予孩子积极的暗示，他就能在积极的心理暗示下，将注意力集中到某件事上，并努力做得更好。不过，这种在外人面前表扬孩子的做法不宜频繁使用，偶尔为之才能收到更好的效果。

3. 及时帮助孩子疏导不良情绪

每个人在成长的过程中都会遭遇挫折和烦恼，都会受到不良情绪的干扰。孩子年龄小，不但自控力不强，自我调节能力也不强，这就需要家长帮助孩子调节不良情绪，让孩子保持心情舒畅。特别是当孩子遇到困难和挫折时，家长要引导孩子以积极、乐观的态度去面对。

平时，家长要学会察言观色，及时发现孩子情绪的变化，并及时开导孩子，让他走出情绪的阴霾。比如，孩子放学回家后看起来闷闷不乐，也不想多说话，这时，家长就要耐心地询问孩子原因。如果孩子不愿意说，则家长不能轻易放弃，而应该首先取得孩子的信任，引导孩子把话说出来，然后帮孩子分析问题的原因，寻求解决的办法。这样，孩子的烦恼才能迎刃而解，快乐才会降临到孩子身上。

4. 培养孩子广泛的兴趣爱好

大家在生活中都会发现，那些性格开朗、心态积极的人总有忙不完的事情，即使只有一点空闲时间，他们也会找点事做。孩子其实也一样。如果孩子仅有一项兴趣爱好，他就很难保持长久的快乐。

因此，父母要引导孩子培养广泛的兴趣爱好，这会在很大程度上帮助孩子获得更大的快乐和满足。

调动孩子的激情，冲淡厌烦情绪

对成人来说，对待工作的态度不同，出现的结果有天壤之别。孩子也一样，付出的程度不同，就会收到不同的效果。

因此，家长要设法调动孩子的激情，冲淡他们的厌烦情绪，只有这样，他们才能专注于正在做的事情，提高自身的专注力。

英国著名作家罗斯金有一句名言："来到这个世界上，做任何事都要全力以赴。"即使从事卑微的职业，我们也要从中体验到快乐和满足。

比如，一些擅长做家务的家政工，她们在给别人做家务的时候，不管是做饭、铺床、打扫卫生，还是擦洗家具，都能以一种极为专注的快乐姿态投入其中，并从中享受到乐趣。而有些家政工在工作时并不开心，他们将家务活当作天底下最乏味、无聊的事情，将其当作谋生的手段，被迫去做，结果经常不能令人满意。

孩子做事同样如此。当被迫做不喜欢的事时，他会表现得非常不开心，做事的效果可想而知。当面对自己喜欢的事情，孩子就会乐在其中，不知疲倦。即使大人认为很无聊的事情，只要孩子喜欢，他就会投入百分之百的热情去做，此时专注力往往能达到很高的水平。

有两名中学生，认识了一位生物学家。这位生物学家告诉他们，中国有一种叫白头叶猴的动物被列为濒危动物，仅仅存在于广西地区，并且只剩下两百只，所以这种动物的研究价值不亚于国宝大熊猫。

听闻此事，这两名中学生就萌生了一个念头，那就是了解这种野生动物的生活习性，以便更好地保护它们。

于是，从2003年开始，他们就开始利用假期去跟踪、调查白头叶猴。

白头叶猴的栖息地主要在广西某地的原始森林地区，那里是野兽和虫子的天堂。这两名中学生需要投入足够的时间和激情来坚持做这件事。他们在调查期间，每天睡觉之前都要先抖抖被子看里面有没有蛇，早上起床后还要检查一下鞋子里有没有蝎子。

事实上，因为这种白头叶猴很难见到，即使狩猎一辈子的老猎人也很少看到过，所以他们的追踪异常辛苦。但是梦想驱使着他们，不管遇到任何困难和挫折，他们都没有退缩，而是以饱满的热情坚持了下去。

果然，功夫不负有心人，他们的研究获得了很多人的认可。他们的研究成果——一篇题目为“野生白头叶猴日食量估计方法的探讨”的论文，荣获了2005年英特尔国际科学与工程大奖赛动物学类三等奖。

在上述案例中，两名中学生正是在兴趣的指引下，迸发出强烈的热情，最后获得了一定的科学成果。

其实，每一个孩子一生下来就充满了求知欲，对生活充满了激情，并开始对大千世界展开探索。这种强烈的激情就是驱使孩子专注学习和做事的强大动力，最终让他们形成独立自主的意识，所以千万不要忽视对孩子这种力量的培养。

那么，父母怎么做才能点燃孩子心中的激情呢？下面，我给出两点建议。

1. 时常留心，与孩子多交流

通常来说，激情不是父母一教导孩子就能有的，而是被感染而来的。打一个比方，激情就像是一种良好的“细菌”，没有接触的人就不会被感染。这就要求，家长在平时多留心，发现让孩子充满好奇心的事物，引发孩子的兴趣，长期坚持，或许就能成为一种专长。

此外，家长认为对孩子好的路，未必是对的路，还可能造成“短路”。当孩子有话要说时，家长要仔细聆听孩子的想法，因为最了解孩子的人是他自己。

露西小时候和现在的很多孩子一样，学了钢琴，并打算拿到最高级别认证以后就一辈子都不再碰这个让她一看就厌烦的东西。但是当时她的母亲发现了她对流行音乐的热爱，于是帮助她将钢琴应用到这个她十分感兴趣的流行歌曲上面。

从此以后，露西开始对钢琴产生了新的认识，她的激情也被重新点燃了。没有母亲的引导，估计她直到如今都不愿触碰那架钢琴。

由于有了这样的经历，露西也对自己的儿子采用了同样的方法，效果极其明显，用她的话说就是“儿子对音乐的激情正在被点燃”。

在这之前，露西发现，儿子喜欢写歌，而且还为学校的毕业典礼写了一首交响乐曲。但是，儿子从小就不喜欢练习钢琴，更不喜欢学习乐理。于是，露西让儿子研究古典交响乐大师的作品。当儿子看到大师们的成就，也看到自己与他们之间的差距后，他便下定决心，毕业以后要花整个暑假的时间来学习钢琴。

由此可见，家长在点燃孩子的激情方面发挥着重要作用。同时，家长要根据孩子自身的特点和喜好，来适时点燃孩子的激情。

2. 不要吝惜自己的鼓励和奖赏

父母要以实际的语言和行动来激发孩子的兴趣。适时鼓励和奖赏，不是要让孩子一定成为某方面或者某领域的专家或者大师，而是让孩子做事情更有兴趣、充满激情，做起事情来更专注、更开心。

畏难情绪：孩子专心做事的“拦路虎”

孩子都有着强烈的好奇心，他会想要尝试一切在他看来新奇的事物。同时，孩子又是胆小的，对于某些无法预料的情况，他也会感到恐慌，甚至会不知所措。每到这时候，孩子的专注力就处于最差的状态。这是因为，此时他会考虑很多，比如，自己能否顺利解决难题，自己是否会失败等。

因此，当孩子遇到困难时，家长要及时鼓励孩子，告诉他“没有什么好怕的”，及时消除孩子的畏难情绪，这样孩子才会产生直面困难的勇气，勇敢地克服困难。

然而，生活中，很多家长对孩子的畏惧困难情绪都采取了错误的对待方法。

看看下面这位妈妈是怎么说的。

我最见不得儿子怕困难的样子，上次他因为考试时有一道题做不出来，当场就哭了。后来老师告诉我时，我那叫一个难堪啊！

想想都让人脸红，一个男孩子，居然在考场上哭鼻子！

他放学回家之后，我狠狠地教训了他一顿。我对他说："一个男孩子居然这么害怕困难，以后可怎么办？你要做一个男子汉，不管什么时候都要勇敢，几个小困难应该绝对不在话下，应该大胆地往前闯。"

虽然这位妈妈说得没错，孩子应该勇敢一些，尤其是男孩子，但是并不是仅凭几句训斥的话就能让孩子变得勇敢的。孩子眼中的困难一定有它的难点所在，我们应该理解孩子的心理，多站在他的角度去思考问题，这样才能找到最好的方法来帮助孩子消除"畏难"情绪。

1. 不要强迫孩子勇敢

杉杉在做作业时遇到了难题，他想了很久都做不出来，就准备跳过去先不做了。妈妈看见后，训斥道："就这么一个小难题，你就准备放弃了？不许跳过去！要勇敢面对！"

杉杉皱着眉头，对着那道题思考了很久，还是没有一点头绪。

而妈妈依然"坚守"在一旁，一直不断地催促孩子，并告诉他不要害怕困难，要迎难而上，战胜困难。

孩子面对困难时产生畏惧心理是很正常的，家长根本没有必要像上述案例中杉杉的妈妈一样逼迫孩子勇敢、坚强。有时孩子并不是做不到，而是缺乏助力。如果家长能够适时地帮孩子一把，孩子就可能有了战胜困难的勇气，增强了自信心，这对孩子来说是一种正面的影响，使他们能够不畏艰险、勇往直前。

家长帮助孩子克服畏难情绪，是为了让他集中注意力去解决难题、克服困难，而不是让他必须做到“什么都不怕”。这一点成人都难以做到，更别说年幼的孩子了。有了畏惧，孩子才能知道自己还有提升、进步的空间。家长要帮助孩子培养的是不畏困难的精神，即便他有一时的畏难情绪，也要尽最大努力去克服。

当孩子产生畏难情绪时，家长可以鼓励他多去尝试，或者建议他翻阅相关书籍查找资料，多为他提供一些参考建议，这总比对他进行“精神压迫”好得多。

2. 家长要不畏困难，为孩子做典范

当遭遇挫折、面临失败时，家长千万不能产生放弃的想法，而应该这样对孩子说：“我这次还没有学会，不过我认为我能……我决定多向有经验的人取取经，加强联系，我相信我一定能做到。”家长对待失败的态度，会对孩子产生一定的影响，所以，家长平时一定要注意自己的一言一行，给孩子树立坚强、勇敢的榜样。

马丁·塞利格曼在《教出乐观的孩子》一书中写了这样一段话：“孩子要想成功，必须学会接受失败，感觉痛苦，然后不断努力，直至成功来临，每一个过程都不能回避。失败和痛苦是构成成功和喜悦最基本的元素。”

任何人要想成功，都要经历失败的洗礼，孩子也不例外。作为家长，我们应该培养孩子直面困难、永不言弃的勇气，并帮助孩子总结经验、教训，建立适度的期望水平，鼓励孩子在挫折面前不断奋进。

3. 和孩子一起“解剖”困难

在孩子眼中，那些困难其实就是他一时不知道怎么去应对的东西，这时我们只要帮他弄明白困难是怎么回事就好了。也就是说，我们要帮助孩子，和他一起将困难“解剖”开来，帮他分析一下困难的性质，找出解决困难的方法。

比如，家长可以让孩子说说自己感觉最难的地方在哪里，问问他为什么感觉某个地方最难，鼓励孩子想一下目前自己能做的事情有多少，分别是什么，然后再提醒孩子想想还有哪些问题是暂时不能解决的，该怎么做才能将所有的问题都解决，等等。

打一个简单的比方，困难就像是一部复杂的机器，当被拆成一个又一个“小零件”之后，它就变得简单、很好对付了。此时，家长可以鼓励孩子逐个击破，因为要把注意力集中到一件件小事上是很容易的。家长只需要提醒孩子，做完一件事之后再做另一件事，不要把注意力分散到多个事件中，否则很容易出现新的困难。

为了让孩子更有勇气面对困难，家长要及时对孩子进行鼓励，尤其是当他想出一个解决问题的好办法的时候，家长的鼓励有助于促使孩子更加专注地去思考解决一个又一个难题的方法。

克服社交恐惧，有助于培养专注力

人是群体动物，每个人都无法脱离集体而存在。儿童也是如此，他们通过与他人交往，从他人那里获取有用的信息，向他人学习一些经验技巧，与他人互相沟通协调、共同完成一些事情。因此可以说，人际交往能力是孩子综合能力中的一项重要能力。

在生活中，我们也会发现，那些有着良好人际关系的孩子往往看起来更健康、更活泼，也更自信，更容易投入自己喜欢的事情当中。长大以后，这些孩子也更容易在充满竞争的社会中取得成功。

不难想象，一个不懂得与人交往，在群体中遭到排斥，被他人忽略甚至厌弃的孩子，很难有良好的自尊和健康的人格，这样的孩子自然难以将自己的专注力用在学习或者其他事情上。

上三年级的图图，胆子很小，尤其害怕在课堂上被老师提问。每次一听老师要提问，他就十分紧张，头埋得很低，脸红心跳得厉害。哪次不幸被老师喊到名字，他总是磨蹭半天才肯站起来。图图平时学习总是难以集中注意力，表面上看起来在学习，实则他的头脑里经常胡思乱想，难以集中注意力。

在老师和同学的眼中，图图是一个性格内向、不善言谈、不爱交往的人。平时，即使有同学找他玩，他也不爱搭理人家，久而久之，同学就不跟他玩了。他在学校里没有朋友，在不顺心时，他常常喜欢向妈妈倾诉。

有一次，班里的一个同学跟图图开了一个玩笑，本来没什么，可是图图却像是受到了极大的打击。他哭肿了双眼，跑回家中，对妈妈说再也不想去学校了。

那时，他的情绪低落到了极点，甚至一连几天都躺在家中，不吃不喝，独自流泪。妈妈最后不得不带他去看心理医生。

心理医生说："正是家长对孩子的'过度呵护'使得图图变成了这样。家长对孩子的过度呵护和控制，很容易导致孩子从小就对人际交往产生排斥心理、抵触情绪，他们认为只有家人才可以信任、可以依赖，别人都会给自己带来危险和伤害。当孩子经常处于这种恐惧状态的时候，他的心是很难踏实下来的。"

最后，医生建议图图的妈妈经常带着图图接触社会，积极培养他的交际能力，鼓励和支持他多参加集体活动、逐渐融入集体，这样才能从根本上治愈孩子的社交恐惧症，让他拥有良好的人际关系，保持一份好心情，这样才能专心地学习和生活。

从上面的案例中，我们应该能明白，要想让孩子保持良好的情绪去专注做事，父母就有必要教孩子学会处理人际关系。

事实上，处理人际关系是一件很复杂的事情。要想在与人交往时如鱼得水，孩子就要花费大量的时间和精力来学习经营和维持难得的友谊。孩子出现人际交往方面的障碍，往往是多方面因素造成的。这就需要家长做生活中的有心人，经常为孩子制造各种与人交往的机会，并不时给予指导，以培养孩子与人交往的能力。

1. 培养孩子与人交往的兴趣和欲望

平时，家长应该鼓励孩子多与同龄人交往，和他们聊天，一起做游戏等，丰富孩子的社会生活，而不能以读书学习为由使孩子失去与人交往的机会。当孩子出现交际需求时，家长要给予积极的鼓励；当孩子在与人交往中出现问题，对人际交往产生恐惧和厌恶时，家长要耐心地与孩子交流，了解事情的来龙去脉，帮助孩子分析原因，和孩子一起解决问题，从而消除孩子的紧张感。同时，为孩子创造有利于交往的条件，家长绝不能以保持家庭的整洁、安静为由将孩子的朋友拒之门外。

2. 培养孩子乐观向上的性格

乐观的性格需要良好的心态，而这种良好心态的培养需要父母经常鼓励孩子，告诉孩子凡事要往好的地方想，每天保持微笑，保持愉悦的心情能把事情做得更好。这些都能让孩子充满自信，并乐观地看待事情，对待他人。

此外，家长还要告诉孩子，每个人的经历、兴趣、能力和个性都存在一定的差异，所以要摆正心态，正确对待差异，求同存异，积极适应他人的不同之处，只有这样，孩子才能在交往中获得他人的尊敬和拥护。

3. 鼓励孩子多参加集体活动

鼓励孩子积极参加集体活动，让自己融入集体，并帮助大家做一些力所能及的事情，这是锻炼孩子交往能力的一种良好方式。在集体活动中，孩子不可避免地会与他人出现交集，有时是需要别人帮忙，有时则可以给别人提供帮助，这些都能增加彼此之间的感情，使孩子在他人心中建立起好感和信任。即使有的人对孩子态度冷漠，家长也要教导孩子不必太计较，坚持服务大家，久而久之，同伴对自己就会热情起来。

同时，家长还可以让孩子参加一些体育运动活动，使孩子从中获得智慧、力量和胆识。孩子一旦喜欢上体育活动，就会主动寻找对手进行比赛，这种寻找的过程也是进行交际的过程。一旦找到合适的对手，他们之间往往能建立起深厚的友谊，这同样有助于孩子交际能力的提高。

4. 引导孩子妥善处理和他人的冲突

孩子与他人接触和交往，双方难免会产生矛盾。这时，家长要引导孩子认识和化解彼此之间的矛盾，并尽量让孩子自己思考解决矛盾和冲突的方法，在必要的时候，家长可以给孩子提供一定的帮助。

创造机会，尽量让孩子体验成功的喜悦

家长如果平时注意观察，或许就会发现这样的现象：那些注意力不集中的孩子往往更容易产生挫败感，而那些做事专注又投入的孩子即使遭遇了失败和挫折，也往往能坦然地接受，并积极寻找改进的方法，力争把事情做得更好。

由此可见，家长要想让孩子拥有超强的专注力，就要尽量让孩子体验成功的快乐。只有这样，孩子才能在挫折面前不气馁，在困难面前不畏惧，才能一心一意地投入需要做的事情当中。

渴望成功是每个人的天性，孩子也不例外。追求成功的内驱力具有一定的先天成分，但是更多的还是个人在后天的生活环境中逐渐积累和形成的。家长应多给孩子制造成功的机会，让孩子能够更深刻地体验成功，这样才能激起孩子成功的欲望，以此激发孩子做事专注的潜能。

1. 多鼓励，多奖赏

对孩子来说，其实他们很容易满足，父母一个鼓励的眼神，老师一个赞赏的眼神，都能给他们带来一定的成就感，让孩子体验到成功的快乐、满足的感觉。这是因为孩子的心智尚未发育完善，他们需要根据大人对自己的态度来完成对自己的评价。

比如，我们常常听孩子这样说："我是好孩子，因为老师就是这么说的。""老师喜欢我，今天他还摸我的头了呢！""爸爸妈妈最爱我，他们说我是一个好宝宝。"

当孩子通过自己的努力取得一点成绩的时候，他十分渴望获得他人的认可，如果这时家长能够及时对孩子的成绩做出积极的肯定，那么孩子在获得自信心和成就感的同时，会明白原来自己也可以做很多事情，并且还能做得很好。

既然如此，家长就应该对孩子多一些鼓励和赞扬的表示，比如，对他笑一笑，亲一亲他的脸，即使他只取得了一点小小的进步，也要有所表示。这样做很容易让孩子心情愉悦，然后自信满满地投入学习和其他活动中。

2. 多制造机会，让孩子体验成功的喜悦

孩子不仅在取得优异成绩的时候能够体验成功的感觉，事实上，生活中的很多事情都可以给孩子带来成功的喜悦。家长可以利用节假日带孩子参加一些户外活动，如让孩子参与探险、挑战赛等，在那些难易不同的器材上进行玩耍，同样能给孩子带来一定的成就感。

另外，父母在平时的生活中也可以有意识地教给孩子一些比较容易完成的任务，如让孩子去楼下买东西、倒垃圾等。当孩子将这些事情做好以后，父母要及时夸奖他，长期如此，孩子的自信心就会增强，做起事来也会更认真。

同时，父母还要鼓励孩子在他人遇到困难的时候及时伸出援手，给别人提供力所能及的帮助。当孩子这样做的时候，他就会感受到自身的价值，并增强了责任感，进而以自己的责任感为荣，做起事来就会更投入、更专注。

3. 鼓励孩子发挥自己的特长

一个人不可能什么都擅长，往往擅长的只是很小的领域。但就是这小小的领域，却能带动其他不擅长的领域，最终让自己成为拥有一技之长并且综合能力比较强的人。发挥特长能够给孩子带来成就感，让孩子体验成功的喜悦。所以，家长要鼓励孩子发挥自己的特长。

迈克学习很不用功，他经常在课堂上睡觉，还说听老师讲课很无聊。他最大的爱好就是画画，常常偷偷地给老师和同学画漫画像。老师知道后相当恼火，他把迈克的爸爸请到学校来，嘱咐他好好教育儿子。

可是，没想到，爸爸不但没有严厉批评迈克，反而对迈克夸赞道："我觉得你画得不错，很逼真，也很可爱。"不仅如此，爸爸还把迈克送进了漫画班，鼓励他随性作画。

最后，迈克果然没有让爸爸失望。他发挥了自己画漫画的专长，创作了很多流行漫画。

迈克爸爸的做法值得所有家长效仿。在儿子做错事情的时候，他没有一味地责备他，而是从中发现了孩子的特长，并鼓励孩子去追求自己的梦想。如果爸爸责备他、打骂他，甚至逼迫他放弃画漫画，也许迈克就不会成为一名成功的漫画师了。

4. 给孩子树立一个成功的榜样

大家都知道，孩子最喜欢听故事。家长可以利用这一点，多给孩子讲一些人们如何取得成功的故事，尤其是一些名人的故事更有说服力，以此来消除孩子的胆怯、害羞等心理障碍，并帮助他树立只要坚持不懈就能获得成功的信念。当然，仅仅通过一两个故事就想让孩子树立强大的自信心，是不大可能的。家长可以通过多种渠道和方式，如儿歌、童话等，帮助孩子树立自信心，从而让孩子勇于尝试，体验一个又一个成功。

亲子小游戏 认知与注意力游戏：积极的自我暗示

•准备工作

一把舒适的椅子、一张纸、一支笔。

•游戏过程

（1）让孩子坐在椅子上，先和孩子一起在纸上列出好学生会有哪些表现，如认真看黑板、不做小动作、不东张西望等。

（2）在一个通风良好的场所，让孩子闭上眼睛，引导孩子放松身体和心情，逐渐进入平静、轻松的状态。

（3）询问孩子，是否还记得步骤1中所列的那几条好学生会有的表现。

（4）让孩子根据自己所记忆的其中一种表现描述一种场景，如上课或者写作业时的场景。（看看孩子需要改善的地方在哪里）

（5）让孩子将自己想象成那个好学生，在脑中反复模仿好学生在那个场景中会做的那些事，并用语言表达出来。

（6）让孩子想象成功完成任务之后喜悦、自信、满足的心情。

• 游戏延展

造成孩子缺乏自信的原因是多方面的，除了探明根源之外，家长每天对其进行积极的心理暗示不失为一种有效的方法。这种积极的心理暗示可以由别人给予，孩子也可以自己进行自我暗示。

在心理学上有这样一个故事。

18世纪70年代，有一名医生弗兰茨·安东·梅斯梅尔，他的“梅斯梅尔疗法”相当神奇，以至于闻名整个巴黎。传闻，他仅仅用几块磁铁就治好了其他医生束手无策的怪病。病人不用吃药，不用打针，只需要手握磁铁，听从他的指令即可。

虽然，梅斯梅尔的门诊室门庭若市，有很多信仰者，但是他本人遭到了医学界的唾弃，他们群起而攻之，将其称为江湖骗子。

后来，为了证明自己的医术，梅斯梅尔主动要求成立了一个调查团专门调查他的疗法是否属实。令人遗憾的是，调查团最后得出的结论竟然是梅斯梅尔的磁疗法根本不存在。

从那以后，人们就将“梅斯梅尔疗法”与“江湖郎中”画上等号，这导致梅斯梅尔本人郁郁而终。即便如此，也没有一个人能够解释梅斯梅尔的病人所患的各种疾病，不管是失眠、头痛，还是忧郁、瘫痪等，经他治疗后能够减轻，甚至当场痊愈的原因。就连梅斯梅尔自己也无法真正弄清楚其内在机理。

直到后世，一位英国名医詹姆斯·布雷德经过一系列的科学研究以后，才为梅斯梅尔正了名。原来，“暗示”才是梅斯梅尔疗法的神奇之所在。

那么，“暗示”是通过什么起作用的呢？答案就是人的潜意识。人的大脑分为意识层和潜意识层。人的潜意识层的能量是很大的，它会给人的言行带来很大的影响。我们在生活中的许多限制，实际上就是潜意识在为自己画了一个走不出的圈，潜意识会告诉我们：“我不行！”

怎么才能走出这个圈呢？时常进行积极的自我暗示，让潜意识发挥它的威力。当“我能行”这三个字深深地刻入孩子的心灵深处时，还有什么不行的呢？

孩子也一样。当他上课注意力不集中、喜欢做小动作时，“没关系，我一定能克服，我能行”之类的话往往能成为最灵的“刹车器”。

在上述游戏中，家长可以引导孩子通过心理意象（即事先在心里树立一个目标，如做个进步的孩子、做个好学生等）、排练实践（即在心中反复“模拟、排练、实践”既定目标，如一个好学生会怎么想、怎么做等）来纠正孩子的一些错误行为，使其体验“胸有成竹”的快感，从而获得“我也能做到”等成功带来的喜悦。这对孩子自信的建立往往会有意想不到的效果。

第六章

提升自控力，让孩子做事更专一

苏联作家高尔基说过这样一句话：“哪怕是对自己小小的克制，也会使人变得坚强。”所以，父母要让孩子明白“一分克制，十分力量”的道理，让他在日常生活的小事中慢慢克制自己。只有具有一定的自控力，孩子才能在受到干扰、遇到困难的时候依然对自己感兴趣的事情保持足够的专注和热情，才能凭着毅力最终走向成功。

负责任的意识和习惯，唤醒孩子的专注力

责任心是一个人能力发展的催化剂，也是孩子成长的必修课。这是因为，一个有责任心的孩子自觉水平高，专注力强，让老师省心，让家长放心。有责任心的孩子常常表现出很多优点，如自觉、自爱、自立、自强等，这些都是成功的必备条件。可以说，责任心是一个孩子走向成功和幸福的必备条件，而一个缺乏责任心的孩子常常与成功无缘，与幸福擦肩而过。

因此，家长要想让孩子拥有良好的专注力，在学习、生活及将来的工作中取得骄人的成绩，就要从小培养他负责任的意识和习惯。

孩子在成长的过程中，对一些事情没有责任感是很正常的，因为他们往往不知道什么是责任。

家长可以通过以下方法来培养孩子的责任心，进一步培养孩子专心做事的好习惯。

1. 让孩子意识到责任的重要性

孩子对于责任心的认识还很模糊，这就需要父母对其加以引导，让他知道，每个人都应承担一定的责任。比如，爸爸妈妈要上班，要认真完成自己的工作任务；孩子目前的主要任务就是专注于学习；等等。

2. 让孩子为自己责任心的缺失负责

家长要坚持一个原则：允许孩子犯错，但不允许他推卸责任，更不应该和他一起寻找逃避责任的理由和借口。家长应该要求孩子勇于对自己的言行负责，不管孩子犯了多大的过错，只要他具备承担一定责任的能力，就要让他勇敢、积极地面对，而不是逃避和推卸责任，更不能由大人帮助出面解决。比如，如果孩子弄坏了别的小朋友的玩具，家长就应该让孩子自己去找人修理或者照价赔偿；如果孩子一时冲动打了别人，家长就应让孩子自己去登门道歉，并鼓励他去照顾被打的孩子；等等。

3. 多给孩子承担责任的机会

责任心的培养需要一定的能力和情感作为前提，而且必须在一定的情境中通过自身的实践活动来实现。要想培养孩子的责任心，就不能只是口头说教，而是必须让孩子在生活实践中真正地承担责任，让孩子在参与中产生负责任的意识，形成负责任的习惯。

有一位母亲要带十二岁的儿子去游乐场玩，临出门的时候，父亲叮嘱孩子："儿子，你已经是一个小男子汉了，要学会帮着爸爸照顾好妈妈，记得把妈妈带回家呀。”结果，一路上，儿子一直紧紧地牵着妈妈的手，还时不时地询问妈妈是否口渴。他认为，自己的责任就是照顾好妈妈，并把她平安带回家。

孩子负责任的意识和习惯只有在反复的、不断的实践中才能逐步形成。因此，家长要多给孩子创造机会，让他负起对家庭、对社会的一些责任。生活中，家长要敢于给孩子委以“重任”，让孩子感受到自己在家中的重要性。别总是认为孩子还小，好多事情还做不了、做不好，其实，生活中每一个小的细节，家长都不应放过，更不能抱着“大事化小，小事化了”的态度来帮着孩子出面解决。对孩子力所能及的事，家长要多给孩子创设条件，有意识地锻炼孩子的责任意识，让孩子学着承担责任。通过做事，孩子可以获得对“责任”的一种宝贵的心理体验，体验的次数多了，孩子的责任意识自然能够得到强化和提高。

家庭是孩子发育成长的最重要的场所，所以家长可以家庭为出发点，鼓励孩子多参与家庭生活，以此培养孩子对家庭的责任心。让孩子在学习之余做一些家务劳动，可以让他明白生活中不仅有享乐，还必须承担一定的责任和义务。

比如，让孩子在就餐前盛饭，饭后收拾餐桌、洗碗，倒垃圾，洗自己的衣服等。通过这些家务劳动，孩子能逐步树立自己的主人翁意识，从而对家庭、社会尽自己的一份责任。

4. 鼓励孩子做事善始善终

孩子往往有着强烈的好奇心，但是他们也有一定的随意性，这就导致他们经常出现做事虎头蛇尾的现象，这就需要父母在交代孩子做一件事之后随时对其进行监督、检查并督促孩子按时完成，最好在孩子完成以后对他的做事结果进行客观的评价。

比如，孩子想养一只小狗，父母在应允孩子之前最好事先向他说明，需要细心照顾小狗，否则小狗不能健康地成长；同时，还要让孩子保证能够做到定时给小狗喂饭，按时为它洗澡等。当然，孩子在照顾小狗的过程中难免会出现“三天打鱼两天晒网”的现象，这时家长就要负起监督的责任，告诉孩子疏于照顾小狗的后果，以此让孩子负起对小狗的责任。

5. 做有责任心的父母

宋代思想家张载有言：“勿谓小儿无记性，所历事皆能不忘。”父母是孩子的第一任老师，他们的一言一行对孩子的影响不仅十分深刻，而且是终身的。父母在生活中表现得是否有责任感，或者展示出来的责任感的强弱，是孩子最初获得的责任感体验。

由此可见，家长自身对家庭、对社会是否有责任心，关系到孩子责任意识的形成，即家长对人、对事、对家庭、对社会负责任的程度在一定程度上可以折射出孩子的责任心。一个对家庭、对社会没有丝毫责任感的家长，不可能培养出一个有责任心的孩子。这就要求家长在生活中要严于律己，为孩子做好表率，这样才能更好地影响和教育孩子。

教孩子学会自我约束，提升做事的专注度

在生活中，我们常常会发现这样的现象：妈妈不让孩子在饭前吃零食，但是当他看到香喷喷的点心和甜甜的巧克力时，他还是忍不住趁妈妈不在时偷偷吃掉，结果到吃饭的时候没有食欲，不能好好吃饭；孩子生病需要看医生，在去医院的路上，答应妈妈看病时不哭，但是当医生将听诊器放在孩子的胸前时，他还是忍不住"哇"地哭了出来……孩子的这些行为表现都说明了一个问题：孩子并非有意和家长作对，而是缺乏自控力。

孩子缺乏自控力，他自然不能长时间专注于某一件事。所以，对于孩子的自控力，家长不能消极地等它"树大自然直"，而应有意识地从小进行培养。

那么，家长应该怎么培养孩子的自控力呢？

1. 有足够的耐心

自控力是一种良好的心理品质，家长要注重对孩子自控力的

培养。

当发现孩子缺乏自控力时，家长首先要冷静，耐心说服，同时需要反省一下自己的教育方法是否有问题，所采取的态度和方法是否令孩子心悦诚服，并检查所制定的规则，是否有的规定过了头，过于束缚孩子的天性，等等。只要家长不采取简单、粗暴的方式对待孩子，而是通过讲述一些生动活泼、寓意深刻的事例耐心说服孩子，孩子就会改掉不良的行为习惯，并逐步成长为一个有着良好自控力的人。

2. “1 + 3 + 10 = 镇静”，教孩子控制自己的情绪

无法控制自己的情绪和行为的孩子，常常缺乏忍耐力。一旦某人或者某事超出了他的忍耐范围，孩子就会忍不住发脾气，甚至做出一些不理智的行为。

洛洛是一个性格急躁的小男孩，总是动不动就发脾气，稍不如意就大吼大叫，甚至将触手可及的一些东西摔得乱七八糟。每次发完脾气，他又拿着被自己摔坏的东西后悔不迭，心疼不已。

为此，妈妈教他了一个控制自己的情绪、让自己平静下来的方法：1+3+10=镇静。其中，“1”指的是放松，“3”指的是在做决定前先深呼吸3次，“10”的意思是在做出决定或行动前，先慢慢地从1数到10。洛洛觉得这种方法很有趣，在每次感觉自己的情绪或者行为快要失控的时候，他都会采用这种方法，而且每次使用这种方法后他的情绪真的会平静很多，不容易出现失控的行为。

就是用这个方式，洛洛慢慢地学会了控住自己的情绪和行为，逐渐学会了忍耐。

这确实是一个让孩子控制自己言行的有效方法，所以，当孩子总是忍不住想要发火时，家长就可以教他这种方法，告诉他遇事一定要先冷静，不管做什么事情都要考虑后果，三思而后行。这样一来，孩子就能有效抵制玩手机、打电子游戏等不良嗜好，从而养成好的行为习惯。

3. 给孩子制定一些规则

给孩子制定一些规则，并要求孩子不打折扣地执行，这对于培养孩子的自控力来说非常重要。

暑假到了，史蒂夫和妈妈一起制定了假期规则，规则如下。

（1）每天最多只能喝一次冷饮。

（2）做完一门功课，收拾好书本，再去做另一门功课。

（3）晚上9点半上床，记两个单词后熄灯睡觉。

（4）平时打篮球不超过1小时，自己洗运动服。

规则一旦制定，史蒂夫就必须坚决执行，不能马虎，不能迁就，更不能骄傲、任性、为所欲为。就这样，通过2个月对规则的严格贯彻和执行，史蒂夫进步神速。

除了上面所列的几条假期规则，家长还可以为孩子制定关于卫生、劳动方面的行为准则。不过在制定规则的时候，家长需注意：所规定的行为准则不能超过一定的“度”和“量”，也不能事无巨细，否则不利于培养孩子的独立性。孩子过于“听话”，并不是什么好事，因为这样的孩子往往缺乏创造性和开拓性，这对他今后的成长极为不利。家长只要抓住关键问题就可以，至于社会规范、社会责任等问题，可以等孩子慢慢长大以后再进行有意识的培养和教育。

适用于孩子的规则，家长要认真掌握，不要朝令夕改，让孩子变得无所适从，这样做很难培养孩子的自控力。此外，规则不宜过多。这也不准，那也不许，时间长了，孩子的探索欲将会受到压制。

4. 将长远的目标具体化，增强它的激励性

哈佛大学的心理学家研究表明，人们容易受到那些短期的、比较具体的、明确的强化物所左右，而不易受一些遥远的、比较抽象和模糊的东西影响。

绝大多数人都认为，孩子的学习意义重大，关系到孩子未来的生存和发展。可对孩子来说，学习是比较遥远和抽象的事情，相对来说，眼前的零食、动画片才是非常明确的诱惑，能使自己及时获得满足，所以孩子常常不能抵抗后者的诱惑。为此，家长需要想办法将一些长远的目标具体化，增强它们的激励性。

5. 家长做好自我控制的榜样

一般来说，家长在自我控制方面表现好的话，孩子受其影响，也会有较好的表现，所以，家长在这方面要为孩子做好表率。

比如，带孩子外出，遇上堵车时，家长可以和孩子做一些小游戏来打发时间，这样不仅能避免将焦躁的情绪传递给孩子，而且让等车的过程变得有趣。再如，家长平时想对孩子发火的时候，先做一下深呼吸，并告诉自己：“我要冷静，不能发火。”这些言行都能帮助孩子学会控制自己的情绪和行为。

6. 通过游戏锻炼孩子的自控力

孩子大都喜欢做游戏，家长可以通过做游戏来提高孩子的自控力。通过这种有趣的形式，孩子能够自觉遵守游戏中的规则，更容易提升自控力。

比如，家长可以和孩子一起玩“木头人”游戏。在游戏中，孩子扮演“木头人”，不笑、不动、不说话，这样他就能学会控制自己的动作，进而产生自我控制的意识。

另外，家长可以鼓励孩子去参加“户外拓展训练”等活动，训练孩子强大的意志力，从而培养孩子良好的自控力。只有孩子的自控力提高了，他才能更加专注地做一件事，从而表现得更出色。

强调目的性，让孩子做事高效又专一

孩子做事情往往没有很强的计划性和目的性，这就导致孩子很难专心致志地完成一项任务。哈佛大学的教育理念和教育经验告诉我们，要想提升孩子做事的效率，让他养成专注做事的习惯，家长就要强化孩子做事的目的性，给孩子布置一定的任务，并督促孩子完成任务。

下面是一位父亲和儿子的对话。

爸爸：“儿子，你已经十二岁了，上学期你的成绩不理想，我想下学期你不能再这样了。”

儿子：“我知道，我会好好努力的，下学期期中考试我一定会考好的。”

爸爸：“想考好，就要每天都好好学习。”

儿子：“知道。”

爸爸："好的，如果你期中考试考好了，爸爸就可以满足你一个愿望。你想要什么？"

儿子："我想要一辆崭新的自行车，我们班的张翔有一辆。"

爸爸："没问题！"

试想一下，这样的谈话能达到家长的目的吗？虽然父子俩谈话的氛围不错，但是期中考试成绩下来后家长一般都会很失望。原因很简单，这位父亲布置任务的方法是错误的。他所犯的错误，也是大多数家长在给孩子布置任务时最容易犯的。

那么，他究竟错在哪里呢？

他错就错在给孩子定下了一个需要很长时间才能完成的目标。在这么长的时间内，要想让孩子自己自觉努力，实现目标，孩子就要有强烈的做事动机以及坚强的意志作为支撑。

然而，孩子的意志力常常不够坚定，因为他还处于由感性阶段向理性阶段发展的过程中，经常会凭自己的感觉做事，做事风格并不稳定，所以这位父亲注定会失望。

孩子变好的过程，是一个不断努力、积极进取的过程。对于比较遥远的目标，孩子完成起来是有一定难度的。那么，家长是不是就应该着眼于眼前，只给孩子制定近期的目标和任务呢？不是这样的，家长还是要为孩子树立一个长远的大目标，但是要把它分解成一个个小目标，这样孩子实现的过程就会比较简单。

具体来说，家长应该怎么给孩子布置任务呢？

1. 每天列出任务表

家长应该给孩子树立一个未来的目标，但必须把实现这个目标的任务分解到每一天。对孩子提要求的方法是将要求孩子做到的事情简单化，要让孩子在短时间内完成。家长应该首先找到让孩子变得更好的各个要素，找出最主要的几个就可以。

比如，孩子上了一天学，回到家难免想要放松一下，这个时候，如果家长逼迫孩子写作业，那么效果可能并不好。所以，在孩子放学后，家长可以先让孩子根据情况给每科作业设定一个时间段，在完成一科作业之后，稍微休息一会儿，这样才能帮助孩子缓解疲劳，避免他一直处于学习状态，难以保持高度的专注力。

在每科作业和作业之间留出休息的时间，就像课间休息一样，虽然时间短，却能让孩子得到很好的放松。

一开始，家长可以帮助孩子制定任务表。等孩子养成一定的习惯，家长即使不督促孩子，孩子也能很好地按照任务表完成任务了。

2. 在最佳时间段做最有成效的事情

有科学研究表明，人在一天当中，有四个用脑高效时段，分别是：6：00—7：00、8：00—10：00、18：00—20：00和刚进入睡眠的一到两个小时。这是因为，清晨6—7点，人的大脑经过一整夜的休息，已经做好了接收新知识的准备，因此，这个时间段，人的记忆力比较好；而上午进食早餐后，人的精力比较旺盛，这时，处理各种信息的能力比较强，分析能力也比较强；傍晚时分，大脑处于记忆的高峰期，能够快速记忆知识等信息；而睡眠时，大脑不再接收任何信息，但是会无意识地整理相关信息，并将其保存在记忆里。

因此，家长要帮助孩子好好利用这几个大脑高速运转的时间段。不过，由于受生活习惯和遗传因素的影响，每个人的大脑运转规律是不一样的，如果没有经过记录和分析，我们就很难找准大脑高速运转的时间。如果没有正确地运用，我们就很可能会在不适宜的时间去做不适宜的事情，效率自然不会高，甚至会适得其反，因为如果让大脑处于疲惫不堪的状态，则孩子无论再怎么努力学习，成绩都上不去。

3. 奖罚分明

当孩子按照自己所列的任务表很好地完成了任务时，家长就要及时表扬和鼓励孩子，还可以做一些亲子活动，帮助孩子放松紧张的心情。比如，父母可以和孩子一起打球、游泳，还可以和孩子一起学做家常菜。

当然，如果孩子在执行规则的时候出现了没有认真遵守的行为，家长就要及时指出来，并且明确告诉他，这样的做法是错误的，也可以适当对孩子进行惩罚。比如，罚他打扫卫生一周，一周内不许看动画片，做俯卧撑，扣去零花钱，等等。

通过时间的约束，“逼”出孩子的专注力

成人在做事的时候，常常能分清事情的轻重缓急，这样才能利用有限的时间和精力，把事情做得更快、更好，把问题处理得更圆满。但是如果孩子对时间不敏感，甚至不懂得为什么要珍惜时间，合理利用时间，家长就需要想办法帮助孩子树立时间观念。

那么，家长如何做才能让孩子意识到时间的重要性，从而抓紧时间，在短时间内保持专注，做好自己的事呢？

1. 限制孩子做事的时间

许多孩子做事拖拉、三心二意，与他们没有时间观念有很大的关系，所以，为了提高孩子做事的效率，为了让孩子逐渐养成高效学习和生活的好习惯，家长应该尽早给孩子灌输时间观念。通过一步步灌输时间的观念，孩子的脑海里就会形成对“时间”的深刻印象，这有助于孩子尽早学会自我管理时间的方法，从而提高学习和做事的效率。

然而，要想给孩子灌输时间观念并不容易。由于孩子的理解能力有限，“时间”又是一个抽象的概念，所以家长需要在平时的生活中让孩子去感受时间。下面两种方法可以让孩子感受时间的长短和重要性。

（1）用秒表为孩子计时。

用秒表为孩子计时，可以让孩子产生一种竞争状态，并在这种状态中发挥自己的最佳水平，从而提高学习和做事效率。

家长不妨和孩子一起去超市挑选一个他喜欢的闹钟。在做事前，家长和孩子一起商量设定一个合理的时间。然后家长就可以给孩子计时，让他在这一时间内完成任务。这会大大调动孩子的积极性，提高孩子做事的速度，在不知不觉中改掉分心、拖拉的坏习惯。

在孩子做需要几分钟就能完成的事情的时候，家长就可以用秒表为孩子计时，这会让他将这种做法视为一种游戏，以开心的态度去面对。同时，这种方式还能让孩子觉得家长十分重视自己做一件事的时间，从而在今后做事时，也会有意识地注重时间的长短，让自己少分心，更专注地投入，以最快的速度做好规定的事情。

家长需要注意的是，第一次设定时间时，最好给孩子留出一些富余时间，让他能提前完成，这样他就会有很大的成就感。为了激励孩子，家长可以将剩下的时间交给孩子自由支配，这样孩子就能体会到抓紧时间做事所带来的好处。久而久之，孩子自然不会浪费时间。

（2）设定最后期限。

为了让孩子做事不拖拉，一些父母采用“倒计时”的方式为孩子设定时间，这种方法对改善孩子拖拉和专注力不足的问题是切实可行的。这种方法叫作“设定最后期限”。

有的家长对此不以为然，他们认为要给孩子留下足够的时间用来做事，这样孩子做起来才会轻松一些。

然而，家长要知道，拖延是很多孩子的问题。如果孩子的注意力不集中，即使给他留下再多的时间也无济于事，反而会把时间白白地浪费掉。如果父母什么都不管，让孩子自己安排时间，孩子就很可能很晚才完成作业，导致自己要么没有时间玩，要么玩到很晚才睡觉。不管哪一种结果，都会对孩子第二天的学习状态造成影响。这样，很容易形成恶性循环，最后导致孩子学习成绩下降，对学习失去兴趣。

虽然家长要给孩子留出一定的弹性时间，但是绝不能没有底线，所以家长要给孩子设定一个完成的最后期限，这样，孩子在做事的时候才能集中注意力，高效完成任务。长期坚持下去，孩子就能养成在一定时间内专心做事的好习惯。

2. 给孩子设定一个“收心期”

大多数家长都有这样的困扰：孩子常常沉浸在一种气氛之中，很难收心。尤其是在经历假期之后，孩子很难再次进入学习状态，甚至会产生厌学情绪。

实际上，这种现象和孩子的天性有关。孩子的自控力还不够好，当经历一件事之后，他的情感和回忆还停留在那件事上，自然就不能集中精力去做另一件事了。

作为家长，我们既要了解孩子，也要试着理解孩子。所以，家长可以给孩子一定的时间去过渡、适应。当然，在开学前几天给孩子设定一个“收心期”是最好的，这样能让孩子自然回归到学习的状态。这样的安排，能够让孩子全身心地投入新学期的学习当中。

3. 让孩子分清事情的主次

很多孩子做事没有规划，分不清主次，这样就导致他们很难将注意力集中起来，专注于一件事情，结果必然会混乱不堪，难以将所有的事情做完、做好。孩子的思维还没有发展完善，难免出现做事手忙脚乱的状况。如果父母能够帮助孩子合理安排做事的先后顺序，先做主要的事，再做次要的事，孩子做事的效率就会大大提高，孩子做起事来也会更轻松。

比如，有的孩子在做作业的时候，刚做几道数学题，又去背课文，结果哪个都没有完成。这时，家长就要告诉孩子，要分阶段完成作业，不能两样一起做。家长可以让孩子自己安排做作业的顺序，等做完一门功课以后再去做另一门功课。

行为契约法，“拴”住孩子的耐性

与孩子订立契约，这是很多家长都曾经尝试过的一种教育孩子的方法，它对纠正孩子做事不专一、半途而废的坏习惯十分有效。

孩子虽然年龄小，但是他们也有自己的思想意识和“面子”。家长把孩子说的话和既定目标作为一种契约，可以让孩子感受到完成目标的严肃性，从而以更大的耐心去坚持自己立下的目标。

有一位家长曾经用与孩子订立契约的方法成功改掉了孩子写字潦草的坏习惯，最终不仅孩子的字写得越来越漂亮，而且其他各方面都有了一定的进步。

小汉姆写的字东倒西歪，大小不一，导致他常常在作业和测验中因此而丢分。不仅如此，小汉姆的生活习惯也令人担忧，他的书本常常褶皱着，文具杂乱地摆放着，房间也乱得一塌糊涂，等等。为此，家长和老师对他进行多次规劝和告诫都不起作用。

有一次，他的爸爸老汉姆发现，当儿子知道认真完成作业后会得到一本自己喜欢看的书时，他就会仔细写作业，字迹比以前工整了不少。

于是，老汉姆决定与儿子订立契约，以契约精神帮助他改掉坏习惯。双方订立的契约内容如下。

（1）要求：小汉姆每天仔细、认真地写作业，认真书写，字迹清晰可辨，成绩有所进步。同时，要改掉不良的生活习惯。

（2）奖励制度：采用“代币制”形式。所谓“代币”是一种用硬纸做成的小圆纸片，上面写有1、2、5、10等分值。如果小汉姆能达到要求，就可以获得相应的分值。这些分值可以兑换他喜欢的食品、活动等奖励。

比如，如果小汉姆数学作业完成得较好，字迹工整，且没有被扣分，他就可以得到3分；作文、周记字迹工整，可以得到15分；自己整理书包，可以得到2分。

这些奖励分值究竟有什么用呢？契约上有明确规定。比如，得到7分，可以吃爱吃的食物，还可以看15分钟动画片；当积攒到40分时，小汉姆可以选一本自己喜欢的图书；当分值高达500分的时候，小汉姆可以买一套运动服；当分值达到1000分时，小汉姆享有和爸爸一起露营或者长途旅行的权利。

就这样，在这份契约的帮助下，小汉姆取得了很大的进步，不仅语文成绩提高了，做作业所花费的时间也缩短不少，字迹潦草的现象有了很大改观，其他行为如卫生习惯、生活作息等都有明显的进步。

这是一个很好的订立契约的例子。一纸契约将做事不认真、半途而废的孩子的心拴住，让他严肃、认真地对待这件事，因此这种方法对他们改掉坏习惯十分有效。

在现实生活中，有的家长抱怨自己的孩子身上有很多缺点，如不爱学习、不听话、叛逆、固执、任性、不爱劳动、不关心父母等；孩子对家长也有诸多抱怨，如言而无信、专制、不理解自己等：这就造成了亲子之间关系的对立。

在这种情况下，行为契约法就是一种有效的缓和双方关系的方法。这种方法既能规范孩子的行为，又能对家长的行为有一定的约束力，而且能够建立起家长与孩子之间的一种关系模式，这种模式有助于培养孩子公平、公正的意识以及遵从正确教导的行为习惯。这种模式一旦形成，孩子的很多不良习惯，如任性、固执、懒惰、自控力差等，都可以得到改善。所以，如果发现孩子有以上不良的行为习惯，家长不妨试试这种行为契约法。

不过，家长在订立和执行契约的时候，需要注意：契约最好以文字的形式订立下来，特别是在矫正孩子比较顽固的坏习惯时，这比口头约定更有效；在孩子执行契约的过程中，家长要严格检查，做记录，对孩子的完成情况及时做出评价；发现契约有不足和需要改进的地方，要及时修改。

具体来说，家长要做到以下两点。

1．订立契约要有针对性

孩子年龄小，缺乏自控力和责任感，所以常常会挑选自己喜欢的事情去做，对于应做但不喜欢的事情会采取逃避的态度，这就导致孩子做事没有耐心、拖拉、懒散现象的出现，进而影响孩子做事的专注程度。

因此，家长在订立契约的时候，要从细节着手，做出具体的规定，对孩子喜欢做但是不宜多做的事情，最好规定这件事可以什么时候做，要做多长时间；而对于孩子不喜欢但是必须做的事情，也要严格规定，要让孩子明白这件事必须做，而且还要专心做好。这样的规定可以让孩子知道什么事是重要的，什么事是次要的。当然，如果孩子完成重要的事，就会获得较多的奖励，而完成次要的事情，则奖励较少。

2. 家长应做到有效监督

家长要对孩子契约的执行情况进行监督，必须确保契约不打折扣地执行。如果孩子按照契约的规定做得很好，并且一直坚持下来，达成了自己的目标，那么家长一定要按照契约上的规定，给予孩子相应的奖励；如果孩子没有做到，家长就要按照契约上的规定对其做出相应的惩罚。总之，家长不能让契约沦为一纸空文。

亲子小游戏 身体协调游戏：闭目、单脚直立

•准备工作

一张白纸、一支笔、秒表。

•游戏过程

（1）和孩子一起到一个开阔、空气畅通的场所，让孩子做三次深呼吸。引导孩子注意呼吸的节奏，吸气时要深、要满，呼气时要慢、要均匀，让情绪进入一种平静放松的状态。

（2）让孩子抬头、挺胸，慢慢地举起双臂，并保持侧平举状态。然后抬起一只脚至小腿的中间位置，以一条腿作为支撑，收紧臀部，保持平衡，最后闭上双眼。

（3）家长在孩子单脚站立、保持平衡的那一刻起，开始用秒表计时。直到孩子坚持不住，抬起的脚触地，这时需重新开始计时。

• 游戏延展

这个游戏是对孩子平衡能力的一种训练。家长要想让孩子控制自己的情绪和行为，就必须让他学会控制自己的身体。身体的平衡能力和孩子的学习能力息息相关，它不仅关系孩子身体的协调性，而且还关系孩子的注意力的专注度和粗心程度。

提高孩子身体的平衡能力有助于其通过各个器官更好地接收信息，因为外界信息是通过前庭平衡器官的统合传输到大脑的。如果平衡能力提高了，那么阻碍孩子接收外在信息的路障也会有所清除，孩子不但比以前更加灵敏，其注意力和记忆力也会随之提高。

另外，这个游戏还锻炼了孩子的耐力和毅力。这不仅是一个游戏，更是一个比较辛苦的训练，孩子很有可能因为手酸脚痛而轻易放弃，这时家长的鼓励就显得特别重要。家长可以在一旁为孩子加油鼓劲："坚持住！我相信你一定能做到！""面对任何困难，我们都不要轻易放弃，就让我们通过这次训练，相信自己。你行的！""很好，我相信这次你一定会比上次坚持的时间长，加油！"类似的积极心理暗示是一种无形的潜在能量，会慢慢地渗透到孩子的学习和生活当中。

第七章

科学训练，找回孩子的专注力

要想提高孩子的专注力，家长就要有意识地对其进行有针对性的培养。通过简单、科学、实用的方法，对孩子进行相应的训练是十分必要的。这些训练不仅有助于培养孩子的专注力，而且能在一定程度上提升孩子其他方面的能力。

有意注意训练，防止孩子心猿意马

家长要想提高孩子的专注力，首先要训练孩子的注意力。注意力分为有意注意和无意注意两种。有意注意，指的是有预定目标、需要意志力支配的注意，它是人类特有的心理活动，受人们自身意志的调节和支配。而无意注意，指的是没有预先设定目标、不需要意志力支配的注意，也就是我们常说的“不经意”。

对尚在发育中的儿童来说，他们所具有的注意力以无意注意居多，这就使得他们注意力容易分散，随着外界的刺激发生变化。而且，这种注意习惯会对孩子的学习和生活产生较为不利的影响。从另一个角度来说，有意注意对孩子的学习和生活有更加重要的意义。

因此，为了提高孩子的学习和做事效率，使其形成良好的行为习惯，家长有必要对孩子进行有意注意方面的训练。

假如孩子的有意注意能力提高了，当他在学习上遇到困难，或者做事受到外界干扰时，他就可以凭借自己强大的意志力将其克服。

比如，当孩子在课堂上受到其他同学干扰而无法认真听课时，如果他能够控制自己的注意力，就能够无视这些干扰，让自己的思想跟着老师走，做到继续认真听讲。这正是有意注意力在起作用。

虽然随着孩子年龄的增长，他的有意注意力会越来越强，但是如果没有经过好的锻炼，则他还是无法保持长久的专注力。所以，当发现孩子总是精神涣散、注意力不集中时，家长就可以对其进行有意注意方面的训练。其中，最为关键也是切实可行的，就是让孩子在课堂上专心听讲，思想跟着老师走，让大脑始终处于活跃的状态。

1. 做到不重复、不啰唆

在和孩子谈事情的时候，家长总是怕孩子听不清或者记不住，于是会对一件事情反复讲、反复强调。殊不知，这种做法却成了降低孩子注意力的“元凶”。要知道，孩子最讨厌的就是家长的唠叨和重复，这时，他往往表现得漫不经心，因为他知道，即使自己不认真听家长说些什么，也还是能从他们不断地重复中了解个大概。久而久之，孩子就养成了听别人说话不认真、心不在焉的坏习惯，这当然无益于孩子注意力的提高。

因此，家长在和孩子谈事情的时候，最好避免重复和啰唆，每一件事只讲一遍，以便让孩子明白，他如果想听明白家长所要表达的意思，就不得不集中注意力，这样才能抓住家长说话的重点，将家长的话完完整整地听进去。家长在讲完后，不妨让孩子重复一遍，通过这样有意识地对孩子进行有意注意的训练，孩子的注意力定能有所提高。

2. 锻炼孩子排除干扰的能力

孩子在上课时能否认真听讲，并不完全由孩子自己决定，还与很多干扰因素有关。比如，在孩子心情低落、课堂纪律混乱、老师讲课内容晦涩难懂等情况下，孩子最容易思想开小差。这时，家长就要帮助孩子做到排除一切干扰，不受任何事物的影响。如果孩子发现自己走神，就要立刻在心里为自己喊“停”，从而帮助自己从无意识的听课状态转为有意识的听课状态。

孩子在小学阶段，自控力相对较差，家长可以为孩子准备几张写有“专心听讲”“认真听讲”“不要分心”等字样的小卡片，将其放在孩子的文具盒上、课本里、课桌上等容易被看见的地方，这样才能保证孩子及时地进行积极的心理暗示，有意识地把注意力转移到听课中来。

3. 引导孩子边听课边记笔记

有时候，孩子上课注意力不集中，与外界的干扰和刺激无关，而是由于自身思想开小差所致。这时，孩子的目光虽然停留在老师的脸上，但是脑子里在想着与听课无关的事情。这时，家长可以引导孩子一边听讲，一边记笔记，以这种方法迫使自己认真听讲。这种边听边记的方法，可以帮助孩子将注意力转移到讲话者所讲的内容上面，借助眼睛、手等器官的帮助，使大脑皮层可以有效地由听觉器官接收有效的信息。

当然，这种方法不适用于那些不能“一心二用”的孩子，因为这样做会影响孩子的听课质量，导致孩子听课听不好，记笔记记不全。

4. 通过娱乐和游戏活动，训练孩子的有意注意力

一些娱乐项目和游戏，能够帮助孩子在轻松愉悦的气氛中锻炼自身的有意注意力。比如，看书、下棋、玩拼图、数字接龙游戏、端乒乓球比赛等，都是需要孩子保持高度集中的注意力才能完成的事情，所以娱乐项目和游戏活动是训练孩子有意注意的好方法。

如果能够坚持训练，孩子就能长时间沉浸在他感兴趣的活动中，不仅会拥有愉悦的心情，而且会逐渐意识到专注的重要性，并因此学会如何集中精力去做事。所以，家长在忙碌之余，不妨多陪孩子玩一些能够锻炼孩子有意注意力的娱乐项目或者游戏活动，有意识地对其进行注意力方面的训练。与此同时，家长和孩子之间的感情也会增进不少。

眼耳口协调训练，让孩子更专注

视觉效果、听觉效果和语言表达效果，是衡量一个人注意力是否集中的重要标准。这三方面协调配合，则是集中注意力所必需的，其中任何一个方面存在不足，都会影响注意力的集中程度。

因此，我们在训练孩子的注意力时，最好对孩子进行视觉、听觉和语言表达能力三方面相互配合的训练，即对他进行眼、耳、口方面的协调训练。

事实上，对孩子进行眼、耳、口协调配合的最好训练，就是大声读书。对于这一点，美国著名的阅读研究专家吉姆·崔利斯在其著作中早有论断。

有感于美国儿童阅读水平的普遍下降，崔利斯开始了他长达10年以上的对儿童阅读活动的研究和实践。1979年，他将自己的研究成果公之于众，其中，他以大量翔实可信的案例，证实了让孩子大声读书的重要性和好处。随后，越来越多的家长开始关心、鼓励孩子大声读书。

大声读书，也就是我们常说的“朗读”，其实是将书中的文字转化为语言的一种有声阅读的方式。它是阅读的起点，是帮助孩子进行阅读的一项基本功，同时是训练孩子眼、耳、口协调配合的一个重要手段。所以，家长应该引导孩子每天都进行大声朗读，还可以对他提一些要求，如不错读、不断读、不漏字等。

1. 培养孩子的读书兴趣

当孩子还是胎儿的时候，家长就可以读书给他听了，这也是胎教的一种。这种方式有助于提高孩子在出生后对家长读书声的敏感度，从而越来越喜欢这种声音。

孩子出生后，虽然不具备大声读书的能力，但是家长还是要坚持每天给孩子读书，家长每天的读书声，其实对孩子起到了熏陶和引导的作用，在不知不觉中，孩子的阅读兴趣就会被激发出来，他就会慢慢地爱上阅读。

当孩子具备了看图说话的能力之后，家长不妨多对孩子进行鼓励和启发，让他的眼、耳、口逐渐协调、配合起来。

当孩子渐渐长大，能够捧起书本和家长一起阅读的时候，家长最好每天抽出一点时间（15～30分钟）陪孩子大声读书，这不仅能提高孩子的阅读能力，而且能提高孩子的专注力，同时，亲子关系也会变得更加亲密。

让孩子在美妙的读书声中长大，他自然会变得爱看书、爱读书，在读书的过程中，他的眼、耳、口协调配合的能力也就得到了锻炼，专注力也能得到进一步提高。

2. 将大声读书变成习惯

注意力的提升是一个持之以恒的过程，如果孩子对读书“三天打鱼两天晒网”，那么对注意力的提升不会起到太大的作用，也无法锻炼他眼、耳、口协调配合的能力。

因此，家长需要帮助孩子养成每天大声读书的习惯，哪怕他一天中只有15分钟用来大声读书，只要足够用心，日积月累，他就会受益颇多。

为此，家长可以引导孩子利用零碎时间大声读书。比如，每天早上起床后，大声读一会儿书后，再去洗漱、吃饭；在早读课堂上认真、大声阅读；在中午休息的时候，如果睡不着，可以找一个不打扰他人的地方大声读书……当孩子利用所有零碎的时间进行读书时，他的注意力渐渐地就会提高，做事会越来越专注，分心、走神的现象也会大大减少。

3. 给孩子选择有益于大声阅读的书籍

给孩子用来大声阅读的书籍，一定要是健康向上的，最好是一些辞藻华丽、优美而又朗朗上口，同时蕴含一定道理的经典之作，比如《论语》《弟子规》《大学》《中庸》《易经》《道德经》《三字经》《朱子治家格言》《太上感应篇》《了凡四训》等，都是非常适合孩子大声朗读的书籍，同时也是值得成人认真品读的好书。

此外，一些优美的诗歌、散文，优秀的文章，以及文学作品中的经典片段，都可以拿来让孩子大声朗读，这些都可以让孩子获得美的享受，并且越读越有心得，越读越长知识。

4. 教给孩子大声读书的正确方法

儒家启蒙经典《弟子规》道出了读书的诀窍，即“读书法，有三到，心眼口，信皆要”。这句话的意思是，在读书时，心要记，眼要看，口要读。这三者缺一不可，每一个都非常重要。

在孩子大声阅读时，家长要让他做到：不东张西望，不心不在焉，集中精力专注于书本，读书时字正腔圆，大声读出书中的文字。

另外，家长还要提醒孩子在读书时要用心去记，这样大声读书才变得有意义，才能真正学到东西，也才能将自己的眼、耳、口的功能都调动起来，并使之协调配合，将自己的注意力集中到书本上。

手脑并用，提高孩子动手时的专注度

著名的教育家苏霍姆林斯基有一句名言：“儿童的智慧，在他的手指尖上。”的确如此，孩子的许多技能和知识，都是通过自己的实际动手操作慢慢学会的。

据科学研究成果显示，在人双手的手指上，分布着数以万计的神经细胞，这就使得手指的运动对大脑的发育，以及注意力、智力、视觉、听觉等方面的发展，都是不可缺少的有益刺激，都有着重大的意义。

同时，孩子动手实践，对他的专注力也是一种很好的锻炼。一般来说，孩子注意力集中的程度和他的动手能力有密切的关系，孩子在动手实践中，很容易获得成就感，这种感觉又会促使孩子更加专注于正在做的事情上。可以说，孩子的动手能力越强，集中注意力的程度就越高，所以，对孩子动手能力的训练，其实就是对其注意力的训练。同时，这样做还可以帮助孩子学以致用，不再犯眼高手低的坏毛病。

遗憾的是，很多家长并不明白这一点，他们一边向别人抱怨自己的孩子专注力差，做什么事都毛毛躁躁，还磨蹭、拖拉，一边又溺爱着并约束着他，不让他去动手实践，哪怕是穿衣、洗脸这些简单的小事都要替孩子去做，更不要说放开手让孩子自由地探索和实践了。

就是因为这样，孩子失去了很多宝贵的动手实践的机会，变得“四体不勤，五谷不分”，手和脑都变得比较笨拙，注意力也越来越分散。

某年夏天，一个少年宫举办了一场少年儿童航模制作大赛。这次比赛，少年宫免费为参赛小选手准备了近百套军舰模型，供他们动手组装。

可是，比赛现场的情况让人大失所望。原来，大多数孩子的动手能力很差，他们不能独立完成组装航模的任务，不是寻求老师的帮助，就是依靠家长来共同完成。前去采访的记者也忍不住感叹道：“现在的孩子动手能力实在太差了。”

当记者采访这些孩子，问他们为什么不能独自完成比赛的时候，他们无一例外地答道：“爸爸妈妈很少让我动手做事情，平时不是让我上补习班，就是让我学跳舞、学音乐等。”

孩子的回答，说明了一个问题：家长平时几乎没有给过孩子动手实践的机会。既然如此，孩子又怎么能做到独自完成组装航模这样复杂的任务呢？

在这次活动中，唯一独立完成航模组装比赛的小学生，是一个九岁的小男孩。他在动手组装航模的过程中，表现出了高度的专注力、良好的创造力和动手能力。后来，经记者采访，人们才知道，这个小男孩平时除了喜欢画画之外，还特别喜欢自己动手制作东西。

从以上的案例中我们可以发现，很多时候，是家长打着“爱孩子”“为孩子好”的名义无意中剥夺了孩子动手的权利，让孩子失去了动手实践的机会。如果家长不给孩子适当的锻炼机会，就会导致孩子连基本的自理都做不到，那么孩子总有一天会吃尽苦头。况且，动手能力差，还会使孩子的智力、注意力和其他方面的能力受到不利的影响。

因此，家长不能把“让孩子勤于动手、动脑”当成是一句空话，而应该多给孩子提供动手实践的机会，并对他进行动手能力的训练，以此提高他的专注力、智力和其他方面的能力。

1. 培养孩子的自理能力

能够自理，是对一个人最基本的要求，所以，家长要想培养孩子的动手能力，首先就应该培养孩子的自理能力。

家长要给孩子提供机会，教孩子做好自己的事情，如穿衣、洗脸、吃饭等。当孩子学会做家务以后，家长最好不要再帮孩子整理他的玩具、打扫房间、洗袜子等，让孩子学着自己动手去做。只要是孩子能够自己做的事情，家长就要教孩子做，这样才能更好地锻炼他的动手能力。

2. 常和孩子一起做手工、小实验

在生活中，家长可以抽时间和孩子一起做做手工，如画画、剪纸、折纸、制作小玩具等。此外，对于书本或者电视上介绍的一些科学小实验，家长也可以和孩子一起尝试做一下。

这些活动既能促进孩子的智力发育，又能激发他的探索欲和求知欲，更能让孩子的手指越来越灵活，对孩子专注力的提高也大有好处。

家长需注意的是，当发现孩子对一些手工、小实验感兴趣的时候，不要以耽误学习或者不安全为由，阻止孩子去做，或者代替孩子去做，而应该在保证孩子安全的前提下，让孩子随心所欲地去玩耍、钻研、动手操作。

家长只需给孩子提供所需要的材料或者工具，并在孩子需要的时候提供帮助即可，这样，孩子才能更好地发挥主动性，更加专注于自己正在做的手工或者小实验。

3. 鼓励孩子大胆质疑和尝试

质疑能够碰撞出思想的火花，还是孩子勇于探索、勤于动手的动力。因此，对孩子提出的质疑，我们不能轻视，也不能回避，更不能表现得不耐烦，而应该鼓励孩子大胆质疑，积极去探索、去学习、去尝试，通过自己的动手实践去验证自己的质疑，找出正确的答案。

在这个过程中，孩子的动手能力得到了锻炼，他的经验、智慧也会有所增长，所以，鼓励孩子大胆质疑和尝试，也是一种促进和锻炼孩子的动手能力，进而使其集中注意力的好办法。

思维游戏，训练孩子注意力的转移性

《世说新语》记载了这样一个故事。

东汉建安年间，曹操有一次率军行进途中，由于久旱未雨，井河干涸，他们找了很长时间都没找到水源，正值酷暑季节，烈日炎炎，将士们一个个口渴难耐，行军速度十分缓慢。这时，曹操急中生智，用马鞭指向前方说："快走啊，前面有梅林！"

将士们听了，一个个条件反射，口皆生津，行军速度一下子加快了不少。利用这个办法，曹操保证了军队的行进速度，最后一鼓作气，取得了战争的胜利。

这就是"望梅止渴"的典故。在故事中，曹操用计把将士们的注意力从口渴这件事转移到了前方有梅子可吃上，结果士兵们充满了士气，他们暂时忘记了口渴，行军速度也加快了不少。曹操所用的计策，正是转移注意力的办法。

所谓注意力转移，指的是根据新的任务，自觉地将注意力从一个对象转移到另一个对象上。注意力一旦转移，原本处于注意中心的对象便被转移到注意中心之外，另一个对象则进入注意中心的位置，整个注意范围也会发生相应的变化。

如果孩子有良好的注意力转移能力，他就能快速地将注意力从原来关注的事项中转移到需要他认真对待的新的事项中，也能更快、更好地接收新的信息，并迅速主动、自觉地转换身份和角色，从而顺利地完成新、旧任务的交接，全身心投入新的任务中。

如果孩子的注意力转移能力不强，他就不能灵活地将注意力从原本的事项转移到新的事项中，他在完成新任务的过程就会出现走神、心不在焉的状况。

比如，孩子刚上完一节有趣的体育课，还停留在兴奋状态，这时上课铃声响起，他马上要去上数学课了。如果孩子没有调整好自己的情绪和状态，不能快速地将自己的注意力转移到数学课上，还想着体育课上的种种，他在数学课上就不能聚精会神地听讲，学习将会受到影响。

由此可见，注意力转移能力对孩子来说是十分重要的。家长在平时最好和孩子多做一些注意力快速转移的游戏，帮助孩子从上一件事的“瘾”和思维定式中快速脱离出来，不受干扰地投入下一件事中。

1. 通过数字运算游戏，训练孩子的注意力转移能力

数字运算游戏可以有效地帮助孩子转移注意力，家长平时不妨多让孩子做一些这方面的练习。下面，我介绍两种神奇又有趣的数字运算游戏。

（1）写数字。

先准备一张纸，对折一下，让孩子在纸的上半部分按顺序写出阿拉伯数字，如1、2、3、4、5、6……半分钟后，再让孩子在纸的下半部分写出汉字数字，如一、二、三、四、五、六……再过半分钟，家长再向孩子发出指令“写数字”，孩子就接着写数字。再过半分钟，家长再让孩子“写汉字”，孩子就转而写汉字。循环往复，每隔半分钟家长就向孩子发出不同的指令，孩子就会交替写数字和汉字。家长可以根据孩子的反应速度和书写正确率来调整两次命令的更换频度。

（2）写算式。

准备一张白纸，让孩子写出半空白的算式，比如：

7□1=（ ）

6□2=（ ）

10□7=（ ）

6□3=（ ）

4□2=（ ）

8□0=（ ）

……

根据孩子的做题速度，家长每隔几秒钟就向孩子发出“加法”“减法”的指令。当家长说“加法”的时候，孩子就在□内写上“+”，并算出结果，写出来；当家长说“减法”的时候，孩子就在□内写上“-”，同样算出结果，写出来。

当孩子将一页的算术题做完以后，家长统计正确率，并根据孩子的反应速度和正确率调整两次指令的更换频度。

2. 通过休闲、娱乐的方式，训练孩子的注意力转移能力

对于年龄较小的孩子，家长可以通过休闲、娱乐的方式对他进行注意力转移训练，改变他注意的焦点。

比如，当孩子哭闹或者心情低落的时候，家长可以和他一起做游戏、带他出门散步或者给他做美食等来转移他的注意力，使他忘记或者不再关注那件让他哭闹或者心情不好的事情。

此外，家长还可以经常带孩子参加一些娱乐活动，如唱歌、跳舞、涂鸦等，这些活动都能帮助孩子调节心情、转移注意力。

3. 换换环境，转移孩子的注意力

在一成不变的生活模式中，在两点一线（从家到幼儿园或者学校）的场景变化中，很多孩子都会觉得生活沉闷无聊、了无生趣。尤其是生活在城市中的孩子，每天看到的都是高楼大厦，听到的都是各种车辆带来的噪声，这很容易导致他心浮气躁，无法集中注意力，也就不能做到及时根据需要转移注意力。

因此，家长可以带孩子外出游玩，让孩子亲近大自然，以改变孩子所处的环境，开阔孩子的视野，让他的注意力从喧嚣的环境、快节奏的城市生活中转移到景色怡人的环境以及自然、舒心的慢节奏生活中。

此外，家长还可以经常适当地改变一下家里的环境，如改变家中的装饰，重新布局家具的摆放等，这样也能起到调节孩子心情、转移孩子注意力的作用。

不能一心二用？训练孩子的注意力分配性

有的人在做事时，能达到一种浑然忘我的境界，这到底是不是一件好事？有时未必。以花豹为例，当它专注于眼前的猎物，一步一步向其逼近时，同时还需要谨慎、敏锐地观察周围是否存在潜在的威胁，如猎人。

现实生活中，注意力的集中和分配也是相互矛盾的。因为人们往往需要在同一时间内去做好几件事情，需要将注意力分配到多个角度、多个方面，特别是在处理一些较为复杂的事情的时候，如做饭、开车、弹琴等，人们需要将注意力恰当地进行分配，否则很可能会导致自己手忙脚乱、无所适从。

孩子做事也是如此，同样需要将注意力分配好，这样才能起到事半功倍的效果。也就是说，分配注意力可以帮助孩子更好地集中精力做事。只有把注意力分配好了，孩子才能更专注地去做事情。

比如，孩子上课听讲时，他需要一边专心听老师讲课，一边记笔记，还要进行思考。如果只听讲却不记笔记、不思考，听课的效果就会大打折扣，所以，孩子有必要学会“一心二用”，甚至“一心三用”。这样，孩子才能分配好自己的注意力，在上课时分配好听讲、记笔记和思考这三方面的注意力，保证听课效果。

再如，当孩子弹琴时，他需要用眼睛盯着琴谱，用耳朵认真听自己所弹的琴声，还需要用脚踏着踏板，并需要用大脑分析、判断节奏。当他把注意力合理地分配到这几件事情上面的时候，他就能更好地弹琴了。

有研究表明，儿童完全可以做到同时将注意力集中到2～3件事上。这说明，对一个身心发育健康的孩子来说，“一心”是可以“二用”或者“三用”的。基于此，家长平时应帮助孩子分配好自己的注意力，最大限度地发掘孩子的潜能。

1. 在生活中教孩子合理地分配注意力

父母可以将对孩子的注意力分配训练融入日常生活中，如建议孩子一边散步一边背课文，一边收拾东西一边听英语录音，一边吃着美食一边欣赏美妙的音乐……在日复一日的锻炼中，孩子的注意力分配能力就会逐渐提高。

2. 根据年龄分阶段进行训练

心理学研究结果表明，一个人的注意力是有限的，而且，注意力的“分配”和“集中”一样，并不是人天生具备的能力，而是通过后天培养获得的，所以，家长教孩子从小学会分配注意力是十分关键的。

为此，我们可以根据孩子的年龄特点，分阶段、由浅入深地对孩子进行注意力分配的训练，使孩子能够做到“一心二用”或者“一心三用”。

对3岁以下的孩子，家长可以让孩子一边听音乐一边拍手，或者一边听儿歌一边跳舞；对3~6岁的孩子，家长可以让孩子一边唱儿歌一边玩玩具，或者一边画画一边为所画的画编故事、设置情景；对已经上小学的孩子，家长可以让他一边走路一边背唐诗，或者一边玩耍一边进行英语对话……总之，家长要根据孩子的年龄特点和性格、能力等，合理安排注意力分配的内容。

不过，家长需要注意的是，不管对什么年龄阶段的孩子，在进行注意力分配训练时都不能采取强迫的手段，或者指责孩子，一定要让这种训练在自然、轻松、愉快的氛围中进行，否则孩子会不愿意配合训练。

3. 让孩子同时进行的事情不能太复杂、太陌生

在让孩子学会一心二用的过程中，家长一定要明白，并不是所有的事情都可以同时进行。比如，一边吃饭一边看电视，会不利于孩子的消化；一边写作业一边玩耍，会影响孩子的学习效果，导致他无法按时完成作业；一边说话一边吃东西，会使孩子咬字不清，别人听不懂；等等。

另外，家长不能同时让孩子做两件过于复杂、陌生的事情，应该选一些孩子比较熟悉、做起来比较轻松的事情；否则，孩子在做事的过程中，就会感觉很吃力，这样他就不能很好地分配自己的注意力，结果两件事情都做不好。即使不能同时做两件适合孩子的、可以轻松完成的事情，至少也要有一件事情是孩子比较熟悉、简单的，这样他才能分配好注意力，将两件事情都做好。

4. 一心二用也要看情况、分场合

家长在教孩子学习分配注意力时，一定要告诉孩子，在练习一心二用的时候，还要看情况、分场合，在一些严肃的场合，如上课期间、升旗时、开全校大会时，最好不要一心二用，一定要保持严谨、专注的态度；否则，孩子很可能会被作为破坏纪律、影响他人的典型，而受到批评、指责。

扫除知觉障碍，让孩子专注地感知世界

孩子一出生，便通过观看、倾听、触摸等方式来感知这个丰富多彩的世界，以此获取信息，增加对这个世界的认知。因此，感知能力对于孩子来说十分重要。

然而，一些儿童存在着知觉障碍，进而影响孩子专注力的发展，使其不能集中注意力。知觉障碍指的是人在辨别能力、过滤能力和记忆能力等方面存在缺陷。造成这种状况的原因往往有两种：一种是孩子的某一知觉神经髓鞘形成较慢，导致孩子知觉反应迟钝；还有一种是孩子的感觉统合功能发育不良，导致孩子无法有选择性地过滤环境中那些不重要的刺激，所以孩子常常会被生活中一些不重要的或者不相干的知觉刺激所搅扰，出现注意力无法集中的状况。

如果孩子患有知觉障碍，那么他学习能力的提高将受到严重的阻碍，如果家长和老师对此一无所知，就无法理解孩子的行为，导

致孩子承受巨大的心理压力。当发现孩子存在一些影响注意力的现象时，家长先不要着急责备孩子，而应该从更深层次来寻找原因，看看这种现象是不是由知觉障碍所致的。如果答案是肯定的，家长就要积极地寻找合理的方法帮助孩子扫除这种障碍。比如，对孩子进行一些知觉训练。

1. 听觉感受性训练

听是一个人获取信息和知识的重要途径。对孩子来说，能有效听讲，是其学习成绩好的重要法宝；相反，如果孩子的听觉能力较差，他就不能集中精力认真听讲，学习效率和效果自然就不会太理想。因此，良好的听觉能力是孩子专注力能够有效提高的重要基础，更是其学习效率得以提高的重要保障。

为此，家长可以从以下几个方面着手对孩子进行训练。

（1）用能发声的东西对孩子进行听觉刺激。

在孩子还小的时候，家长就可以经常用会发出声音的东西对孩子进行听觉刺激，这有利于孩子听觉能力的发展，也能帮助孩子集中注意力。当然，这种声音要悦耳动听、音量适中，否则孩子会产生不适感。

家长可以根据孩子的年龄特征，给予他最合适的声音刺激。比如，对婴儿期的孩子，家长可以拿着会发出美妙声音的玩具来逗弄他；对年龄稍大、已经学会表达的孩子，家长可以和他玩一些“听声辨物”“听声辨位置”的游戏；而对学龄期孩子，家长可以在孩子学习之余给他播放一些舒缓的音乐、相声、评书或者散文等，这些不仅能缓解孩子学习的疲惫感，使他感到温馨和快乐，而且能提高孩子的听觉能力。

当然，有些声音刺激是不受年龄限制的，如经典音乐、内容积极健康的故事和诗歌等，对每个年龄阶段的孩子都适用。

（2）聆听环境中的声音。

家长可以让孩子闭上眼睛，倾听环境中的各种声音，如汽车鸣笛声、飞机轰隆声、一些动物的叫声、风吹树叶的“沙沙”声等，然后让孩子说说自己都听到了什么样的声音。

同时，家长有空的时候可以带孩子走出家门，去倾听大自然中那些美妙动听的声音，如鸟鸣声、虫叫声、风声、水流声、大山的回声……经常带孩子去亲近大自然，听听这些声音，对训练孩子的听觉能力十分有益，更能使孩子享受到在大自然中自由嬉戏的快乐。

（3）聆听人为的声音。

家长可以让孩子闭上眼睛，辨别大人发出的声音，这些声音可以是东西落地的声音、扫地声、撕碎纸的声音等。另外，家长可以让孩子分辨录音机或者光盘上的声音，如某人的说话声、火车行进的声音、敲击电脑键盘的声音等，让孩子说说都是什么样的声音。

2. 触觉训练

在开发孩子触觉的时候，有一个行之有效的方法，那就是“蒙眼睛”游戏。该游戏的内容是让孩子在没有视觉帮助的情况下，通过触觉分辨身边的各种小物品。这种训练方法的好处在于能让孩子更为细致地观察身边的事物，同时还能提高他的身体协调性，今后在一些动作类的学习中会比其他孩子学得更快。

通过触觉训练，孩子控制自己身体的能力就会增强。比如，在跑步和球类等需要身体高度协调的运动中，小时候进行过触觉训练的孩子明显比其他没有这种经历的孩子有优势得多。不仅如此，这类孩子在以后学习写字的时候，也会容易得多，因为孩子在写字的时候，他的手指指尖与笔直接接触，而只有手指的每一块肌肉都觉察到自己用了多少力气，孩子才能将字写得更加美观、漂亮。

3. 压觉训练

在这项训练中，家长可以为孩子准备这样的道具：3块重量分别为24克、12克、6克的光滑的小木块，分别涂上不同的颜色使其便于区分。为了保证孩子不受颜色的干扰，家长可以先让孩子闭上眼睛，然后把木块放到孩子手中，让孩子依靠压觉来估计手中木块的重量。

经过压觉训练，孩子可以练就在短时间内迅速掂量出这些木块重量的本领。

亲子小游戏 综合类游戏：哨兵游戏

•准备工作

一个玩具枪、一个秒表。

•游戏过程

1. 为孩子描述一个哨兵站岗的场景，然后请孩子讲述一下自己心目中的哨兵是什么样的。

2. 让孩子拿着玩具枪，扮演哨兵，保持立正姿势，身体不能乱动，坚持的时间越长越好，并告诉孩子，若随意乱动，就要按照“军规”给予一定的惩罚，如打手心等。

3. 整个游戏过程用秒表计时。

•游戏延展

善于模仿是孩子的天性。正是通过模仿，孩子学会了说话，学会了走路，学会了思考和判断，最后形成了自己的思维模式和世界观。可以说，模仿是孩子迈向成功的第一步。

同时，模仿也是孩子开启心智的一种方式。通过模仿，孩子学会了寻找、思考不同事物或者人之间的差异。孩子喜欢模仿某个人，就代表孩子在一定程度上认可这个人的生活习惯、观点看法、行为方式。这也是孩子择友一定要慎重的原因。

角色扮演游戏既好玩，又能有效地帮助孩子改善注意力不集中的状况，是一种受大多数孩子欢迎的游戏。尤其是年龄较小的孩子，家长可以引导他玩一些简单的角色扮演游戏。有时候，通过模仿，孩子还能模仿他人身上的一些优点，从而在不知不觉中改掉自己身上一些不好的习性。

附录
APPENDIX

专注力和注意力如何区分

无疑，每一位家长都希望孩子有这样的表现：他的注意力随时都能集中起来，专注于某些事物，并且能按照家长预期的目标，一步一步地实现目标。

上面这句话中，同时出现了“注意力”和“专注”这两个词语，这里我们就来了解一下“注意力”与“专注力”的区别。

1. 内涵不同

很多家长认为二者可以互相替代。其实，“注意力”和“专注力”是两个不同的概念。“注意力”是从专业角度来判断人类对某个事物的分散程度，强调的是分散度，而这种分散度在很大程度上受先天因素的影响。

而“专注力”则是判断人类对某个事物的持续程度，强调的是持续度，而这种持续度可以通过后天培养而获得。

2. 持续时间不同

确切地讲，专注力和注意力的最大区别在于，注意力是大范围的形态，如让孩子固定坐在座位上、不离开教室等，而专注力是更高阶的表现，如专心玩积木、完成作业等。

就大范围的注意力而言，其持续的时间因年龄不同而有所差别。比如，3岁儿童的注意力所持续的时间为15分钟，6岁儿童能达到30分钟，9岁儿童可达到45分钟，而12岁儿童则能达到60分钟。

如果是更高阶的专注力，儿童能够坚持的时间就会比注意力缩短不少。比如，3岁儿童的专注力所持续的时间为6分钟，6岁儿童能达到8分钟，9岁儿童可达到10分钟，而12岁儿童则能达到15分钟。这也间接说明，要想让儿童专注于一件事情是很难的事。

虽然注意力与专注力之间有着很大的区别，但是我们也不能因此而割裂二者之间的联系。它们之间的联系表现在：注意力分散度高的孩子，外显行为就会表现出比较好动、毛躁、不专心等特征。对于这种类型的孩子，家长可以通过一系列专注力训练，让他变得专注起来。比如，家长可以通过延长孩子学习或者做事的持续度，来提高他学习和做事的效率。

你了解多动症吗

众人皆知，美国著名的游泳名将菲尔普斯在“水立方”的泳池里创造了一个又一个奇迹。殊不知，他的母亲当年将年幼的他送进泳池的想法，只是希望治好他的多动症。

菲尔普斯在童年时期曾患有多动症，面对外界对儿子的批评和指责，妈妈不但没有一味地责备儿子，还试着通过培养儿子的兴趣来改善他的病情。一开始，她试着培养菲尔普斯的阅读兴趣，结果失败了，但是她没有因此而放弃对儿子的干预治疗。正在妈妈为此苦恼不已的时候，一次偶然的机会，她发现游泳能够让菲尔普斯安静下来，于是就教他学游泳。虽然菲尔普斯一开始非常讨厌脸被水弄湿的感觉，对游泳比较抗拒，但是妈妈并没有放弃，她首先从仰泳教起，让菲尔普斯习惯被水浸湿的感觉，然后再教他学习其他泳姿。

最后，她终于找到了正确的方法，让儿子喜欢上了游泳，并成为一名游泳名将。

如今，菲尔普斯已经能够很好地控制自己的病情，在比赛中他甚至表现出了超乎常人的专注力。就连他的教练也对此评价道："菲尔普斯一入水，就只有一个注意力：向前，向前，向前！"

什么是多动症

多动症，在医学上被称为注意缺陷多动障碍，是一种儿童时期的常见病。患此病的孩子智力正常，但表现出与实际年龄不符的注意力障碍、活动过多、冲动任性、自控能力差的特征，以致影响学习。

多动症的症状主要有以下三类：一是注意力缺陷，表现为对一件事的关注力难以持久，很容易受到外界和内心的干扰而导致注意力发生转移；二是不遵守规则，多动，小动作不断，易激动等；三是混合型，包括以上两种情况。

多动症的病因

造成多动症的原因有很多，主要包括以下几个因素。

1. 遗传

有研究结果表明，大约40%的多动症患儿的父母，其同胞和其他亲属在童年曾患过多动症。单卵孪生儿与双卵孪生儿相比，其多动症的发病率明显增高，多动症同胞比半同胞（同母异父、异母同父）的患病率高，同时高于其他正常儿童。以上这些，均说明遗传因素是引发多动症的一个重要因素。

2. 患儿脑损伤

造成患儿脑损伤的原因有三个：一是母亲孕期疾病，如高血压、肾炎、贫血、低热、先兆流产、感冒等；二是分娩过程异常，如早产、钳产、剖腹产、窒息、颅内出血等；三是生后1～2年内，中枢神经系统有感染及外伤。

3. 其他

当今社会，许多家长“望子成龙，望女成凤”心切，采用了不当的教育方法，导致了对孩子早期智力开发过度，使外界环境的压力远远超过了孩子能够承受的程度，这是造成儿童多动症的原因之一。另外，孩子食用过多含有人工染料或者金属铅的食物，也可能会导致多动。

孩子患有多动症，家长该怎么办呢？有资料表明，对于多动症患儿，有61.7%的家长采取“严格管教”的态度，有3.5%的家长会放任不管，有7.05%的家长对此不仅放任不管，还有求必应，过分溺爱。

其实，以上这三种家教态度都是不科学的。如果对患儿采取“暴力式”的管教方式，强迫他和正常的孩子一样，当孩子“动”的时候，偏要让孩子“静”，如强迫孩子学书法等，或者对患儿采取粗暴、歧视的态度，都会使患儿的症状加重，并出现新的症状，如口吃、挤眉、眨眼等；如果对患儿漠不关心、放任自流或者无视症状、过于溺爱等，不对孩子的多动症进行干预，则可能会促使新症状出现，或者使原本的症状加重，出现社交障碍、自卑、敌视等现象。

各种类型和原因的多动症患儿，应该如何改善行为呢？

经影像学资料研究显示，患儿的大脑与正常孩子不太一样，他所出现的多动症状，是额叶或尾状核功能障碍所引起的。但是大脑具有可塑性，通过积极治疗，症状是可以得到缓解改善的。

对于多动症的治疗一般有“行为干预”和药物治疗两种。对于少儿，“行为干预”是最好的方法，在这种方法中，起主导作用的是家长，因为只有家长才能为患儿的成长创造好的“环境条件”，给患儿的大脑以良性刺激，重塑患儿的大脑，从而缓解并改善患儿的病情。

在“行为干预”的方法中，有一种是“放松训练法”。这种训练方法的原理就是：由于多动症患儿的身体各部位总是长期处于紧张状态，如果能使他们的肌肉放松下来，多动现象就会有所好转。而菲尔普斯的母亲所采用的方法，正是“放松训练法”。

但是，有一点值得家长注意：好动的孩子不一定就患有多动症。

一般来说，活泼、好动甚至顽皮、淘气，都是孩子的特性。

不过，很多家长一听说孩子上课注意力不集中、爱做小动作或写作业敷衍了事、成绩不理想，就认为孩子患上了多动症，到处求医服药。

事实上，据统计分析结果表明，真正的多动症患儿只占其中的三分之一，其余三分之二的儿童都是属于贪玩，缺乏学习兴趣，或有其他精神方面的问题。那么，孩子是属于顽皮好动，还是患上了多动症，该怎么区分呢？

通常来说，我们可以通过以下几个方面的对比来区分。

1. 兴趣爱好

患有多动症的孩子似乎对什么都不感兴趣，无论何时何地，他都不能集中精力去做一件事，即使对正常孩子十分有吸引力的电影、动画片、连环画、棋类游戏等，他也不能完全投入；好动的儿童则完全相反。他们不仅能够专注于这些事情，而且对他人的干涉和影响十分厌烦。这说明多动症患儿具有注意力缺损症状，而好动的孩子则没有这方面的表现。

对学习来说，虽然多动症儿童和好动的儿童在课堂上都表现为活泼好动，不能专心听讲，但是前者表现差的主要原因是注意力缺损，而后者则是对学习缺乏兴趣。所以，对于前者，家长应给予重视，积极治疗；对于后者，家长则应以培养孩子的兴趣爱好为主。

2. 行动的目的性、计划性及系统性

好动的孩子做事时常常具有一定的目的，并有自己的一套计划和安排。而多动症儿童则没有这样的特点，他们的行为方式常常具有冲动性，比较杂乱，并且有始无终。

3. 自控能力

好动儿童在严肃的、陌生的环境中，有自我控制能力，能安分守己，不胡乱吵闹；而多动症儿童则无此能力，经常在一些严肃的场合做出越轨的事情来。

4. 某些药物的应用

比如巴比妥类药物的诊断性应用。好动的儿童服用巴比妥类药物后很快就能保持镇静，呈现昏昏欲睡的状态；而多动症儿童服用后则表现得更为兴奋。

5. 某些动作的差异

好动的孩子在做快速、反复和轮换等动作时，表现得较为灵活；而多动症患儿却表现得极为笨拙。

6. 动作发展

有少数多动症患儿动作发展缓慢，常表现为：反应迟钝，动作不灵活、不协调。比如，系扣子、系鞋带动作缓慢，跑步时常常跌倒，写字、用剪刀动作笨拙；而好动的孩子则没有这些运动缺陷。

儿童的生理和心理发育决定了其具有很强的求知欲和好奇心，这使得他们在玩耍、探索中能逐步获得知识，日渐聪明，充满智慧。正因为此，我们应该把儿童的活泼、好动视为一种正常的现象，甚至是一种可喜的好现象、好倾向，给予正确引导，绝不能产生厌烦情绪，粗暴地制止孩子，否则很可能会妨碍孩子智力与心理的正常发育。家长不要用成人的标准去要求活泼爱动的孩子，而应该掌握各个年龄段儿童生理和心理发育的不同特征，采取不同的方式认真对待，耐心引导。

后记

POSTSCRIPT

作为家长，或许您时常抱怨自己的孩子太淘气、太顽皮、太爱动，说他容易分心、上课发呆、看书跳行，说他写作业费劲、错漏百出，有时一个人发呆半天。其实，孩子自己并没有意识到这样有什么不好，有什么不对的地方。

抱怨无济于事。家长应该在理解孩子的基础上来对其进行教育、指导，并提供力所能及的帮助。

对于以上这些现象，家长是否意识到其背后深层次的原因？比如，孩子上课发呆，很可能是他根本听不懂老师讲课的内容，无法理解黑板上密密麻麻的字到底是什么意思；孩子看书跳行，很可能是孩子缺乏有效的浏览方式，在手眼协调方面出现了问题；孩子写作业费劲，可能是家里的环境嘈杂、混乱以及家长经常性的无意打扰使得孩子分心，无法专心写作业。

因此，家长只有找出造成孩子“不专注”的根源，从源头上解决这一问题，才能有效地培养孩子专注力。影响孩子专注力的因素有很多，如年龄、兴趣、家庭环境等，家长要在力所能及的范围内创造有利于孩子专注力提高的环境和条件，在此基础上对其进行专注力方面的训练，这样才能起到事半功倍的效果。

本书以最大限度地激发孩子的兴趣为目标，在遵循孩子身心发展规律和认知特点的基础上，提出了一些培养专注力的方式和训练方法，希望能在家长培养孩子专注力方面提供有效的帮助。